Wolfgang Trautmann
Soziologie vom Anfang bis zum Ende

Wolfgang Trautmann

Soziologie vom Anfang bis zum Ende

Eine etwas andere ›*Einführung in die Soziologie*‹ – selbst erlebt

oder:

»Ich könnte sie knutschen, die Soziologie«

R. G. Fischer Verlag

Bibliografische Information Der Deutschen Bibliothek
Die Deutsche Bibliothek verzeichnet diese Publikation in der
Deutschen Nationalbibliografie; detaillierte bibliografische
Daten sind im Internet über http://dnb.ddb.de abrufbar

© 2004 by R.G.Fischer Verlag
Orber Str. 30, D-60386 Frankfurt/Main
Alle Rechte vorbehalten
Schriftart: New Century 10°
Herstellung: Satz*Atelier* Cavlar / NL
Printed in Germany
ISBN 3-8301-0718-8

Inhalt

Prolog

Es wird höchste Zeit,
dass der Klamauk zur
Wissenschaft findet und umgekehrt.
Dominik Sauer, Student

›Einführungen in die Soziologie‹ gibt es wie Sand am Meer. Meist sind sie ebenso korrekt wie langweilig. Gegen Ersteres ist nichts weiter einzuwenden, das Zweite jedoch ist eher ärgerlich. Dies ist ein Buch für Anfänger und solche, die es nicht bleiben wollen.

Warum sollten wir nicht einmal den Versuch wagen, die Attraktivität und den Nutzen der Soziologie so darzustellen, dass es vielleicht sogar Spaß macht. Was haben wir zu verlieren? Nicht viel, eigentlich nichts. Also bitte, fangen wir an!

Dies also ist die Geschichte eines zu Unrecht weitgehend unbekannt gebliebenen Soziologen, den wir der Einfachheit halber ›unseren Freund‹ nennen wollen.

Unser Freund war eigentlich niemand Besonderes; aber gerade deswegen eignet er sich so vorzüglich zum Helden unserer spannenden Reise durch ein Leben, mit allem, was dazugehört.

Er kam seinerzeit einfach zur Welt, noch nicht als Soziologe, erst einmal nur so als Mensch. Niemand hatte ihn um sein Einverständnis gebeten; andere haben ihn gezeugt, höchstwahrscheinlich aus einer Laune heraus, eher beiläufig und wahrscheinlich unbeabsichtigt. Genaueres wissen wir nicht. Es ist nicht überliefert, ob seine Umwelt sich über sein Kommen gefreut oder geärgert hat oder einfach nur irritiert war. Er wurde – sozusagen – in die Welt hineingeworfen (vgl. Martin Heidegger). Und nun war er da.

Natürlich war ihm anfangs vieles unklar – fast alles, er verstand weder sich noch die Welt. Das konnte so nicht bleiben. Also begann er, sich beides näher anzusehen. Erst erkundete er sich und dann begann er, sich die Welt ›anzueignen‹ und sie somit zu seiner Welt zu machen. Und das war auch der beste Weg zur Selbsterkenntnis und zum Selbstbewusstsein. Und von Anfang an hielt er sich dabei an den Grundsatz, der einmal zu seinem – zutiefst soziologischen – Lebensmotto werden sollte:

›Man kann sich selbst gar nicht unwichtig genug nehmen‹.

Ein Motto übrigens, das vielen von uns gut zu Gesicht stehen würde. Der leider schon vor zweihundert Jahren verstorbene Immanuel Kant würde sich freuen – da können wir sicher sein. Schließlich hatte er doch zeit seines Lebens dafür plädiert, die menschliche Vernunft als das Hauptinstrument für unsere Lebensbewältigung zu benutzen.

Eigentlich könnte das Buch hier jetzt zu Ende sein, denn das Wichtigste ist bereits gesagt. Aber seien wir mal ehrlich: Wie sähe das denn aus?

Alle Geschichten in diesem Buch sind frei erfunden, und wenn nicht, wäre das auch nicht schlimm. Ähnlichkeiten mit der Wirklichkeit sind natürlich beabsichtigt und unvermeidlich. Schließlich ist es die Aufgabe der Soziologie, ›soziales Handeln deutend zu verstehen und ursächlich zu erklären‹ (vgl. Max Weber).

Es ist üblich, selbst geschriebene Bücher irgendjemandem zu widmen, den normalerweise kein Mensch kennt. Ich widme dieses Buch ›unserem Freund‹, den zumindest kennt jeder, der dieses Buch gelesen hat.

Was ist gegen ein paar soziologische Clownerien einzuwenden? Und dennoch: Wesentliche Teile dieses Buches sind ernst gemeint – andere nicht. Es bleibt dem geneigten und mündigen Leser jedoch selbst überlassen, zwischen beidem zu unterscheiden.

Sollte bei der Lektüre dieses Buches auf dem Gesicht der ein oder anderen Leserin, des ein oder anderen Lesers der Anflug eines Lächelns oder gar ein fettes Grinsen erscheinen, so wäre dies ein durchaus angenehmer und durchaus beabsichtigter Nebeneffekt; nur keine Hemmungen bitte!

Humor entwaffnet. Also kümmern wir uns um eine in diesem Sinne ›pazifistische Soziologie‹, wenn Sie verstehen, was ich meine! Dieses Buch ist ein belletristisches Buch. Dieses Buch ist aber auch ein Fachbuch. Also ist dieses Buch ein belletristisches Fachbuch. Es ist biliterarisch. So einfach sind manche Dinge im Leben. Dieses Buch ist zweisprachig. Dort, wo es unumgänglich ist, hat die Fachsprache ihre Berechtigung, ansonsten findet sich aber viel Umgangssprachliches. Möge beides zum Verstehen beitragen! Der Maßstab ist klar: so kompliziert wie nötig und so einfach wie möglich. So soll es sein!

Wer das Wagnis der Lektüre dieses Buches eingeht, möge sich prüfen: Dies ist ein Buch für Denkwillige. Die anderen mögen anderes lesen.

Um ein hohes Maß an Authentizität zu erreichen, lassen wir unseren Freund am besten immer wieder selbst zu Wort kommen.

Und bei allen Problemen, die nun auf uns zukommen und die wir lösen werden, sollten wir eines auf keinen Fall vergessen: Soll Wissenschaft wahrhaftig sein? Ich denke: Ja! Darf Wissenschaft humorvoll sein? Ich denke: Nein! Sie muss! Schon um ihrer selbst willen. Ansonsten würde sie ja auch keinen Spaß machen.

Nach dem bisher Gesagten wird der geneigte Leser beiderlei Geschlechtes nicht überrascht sein, wenn ich zugebe: Es hat richtig Spaß gemacht, dieses Buch zu schreiben. Auch wenn andere das nicht so sehen: Die Grenzen zwischen Soziologie und Kabarett sind manchmal ziemlich fließend und vielen Soziologen geht es mit der Soziologie wie mit ihren Frauen: Sie lieben sie, aber sie beherrschen sie nicht. Ob dieser Satz in entsprechender Weise auch für Soziologinnen gilt, müsste noch geklärt werden.

Aber im Ernst: Wissenschaftlicher Fortschritt besteht in der systematischen Korrektur früher gemachter Fehler beziehungsweise früher begangener Irrtümer, nicht mehr, aber auch nicht weniger. Aber das ist eine ganze Menge. Wer will, kann sich das jetzt schon einmal merken!

Und Sie, liebe Leserin, lieber Leser, werden später einmal sagen können: Hey, ich bin damals schon dabei gewesen!

Also, wenn Sie mir bitte folgen wollen – hier geht's lang!

Aller Anfang ist schwer: Geburt

Bei gleicher Umgebung
lebt doch jeder in einer anderen Welt.
Arthur Schopenhauer

Ich will hier raus, ich will hier raus!

Also, jetzt wird es mir doch allmählich zu eng. Einerseits ist es hier ja schön warm, und Hunger und Durst habe ich auch nicht. Aber die Bewegungsfreiheit ist doch ziemlich eingeschränkt. Man sieht nichts und der Ton hier ist auch nicht der beste, klingt alles ein bisschen dumpf, zu viele Bässe.

Kurz nachdem die beiden mich damals gemacht haben, konnte ich mich hier drin ja fast noch verlaufen, so viel Platz hatte ich. Aber jetzt wird's doch langsam ungemütlich. Die Mama muss wohl immer dünner geworden sein in letzter Zeit, sonst wäre es doch hier nicht so beengt. Vielleicht bin ich aber auch gewachsen. Ja, das wird es wohl sein.

Manchmal legt sie sich auf den Rücken und dann kommt ein kaltes Ohr auf ihren Bauch und hört, was ich wohl so mache. Das muss wohl das Ohr von meinem Papa sein. Aber viel hört er wahrscheinlich nicht, ich kann ja kaum noch was unternehmen. Und sprechen kann ich ja auch noch nicht. Soll ich ihm vielleicht ein Liedchen singen? Was erwartet er denn wohl? Das Lauteste ist wohl noch mein Herzschlag und Papa findet, er höre sich an wie ping, ping, ping.

Also nennen sie mich zunächst einmal Ping. Toller elterlicher Einfall, bin begeistert! Hoffentlich lassen sie sich später noch einen vernünftigen Namen für mich einfallen. Ich kann doch nicht allen Ernstes als ›Ping‹ durchs Leben laufen. Vielleicht kriege ich ja auch nur eine Nummer, aber dann bin ich doch bestimmt die Nummer eins, oder?

Na ja – Eltern, was kann man da schon erwarten? Früher waren sie mal ganz vernünftige Leute. Doch seit ich mich angemeldet habe, sind sie manchmal reichlich unzurechnungsfähig. Vor allem mein Papa dreht zeitweise ›völlig am Rad‹. Aber ich werde mich wohl an sie gewöhnen müssen. Sie sind ja schließlich meine Eltern. Aber ich denke, ich schaff das schon!

Außerdem: Sie sind ja schließlich selbst schuld. Nach dem klassischen Verursacherprinzip werden sie sich nicht beklagen können. Wer hat mich denn gemacht? Ich doch nicht!

Also, diese Frage beschäftigt mich schon seit geraumer Zeit: Wie bin ich hier eigentlich reingekommen? Später wird man diesbezüglich sicher mal aufgeklärt. Aber jetzt weiß ich davon natürlich noch gar nichts, bin ja noch viel zu klein. Jetzt ist das Rauskommen erst mal wichtiger. Wo bitte ist hier der Ausgang?

Aber gut, dass meine Eltern mich überhaupt gemacht haben, wie auch immer. Sonst wäre ich ja gar nicht da, komischer Gedanke. Da ist mir schon lieber, ich bin da – basta!

Irgendwie tut mir meine Mama Leid. Heute hat der Arzt ihr gesagt, ich läge falsch herum in ihrem Bauch und das gäbe dann wohl einen Kaiserschnitt. Ich weiß zwar nicht was das ist (vielleicht bin ich dann ja adlig, Kaiser ›Ping‹ oder so), aber so richtig gut hört sich das mit dem ›Schnitt‹ nicht an. Aber sie hätten mir ja auch sagen können, dass man in Mamas Bauch auf dem Kopf stehen muss, wenn man vernünftig auf die Welt kommen will. Kann doch keiner ahnen, so etwas. Dafür werde ich mich wohl später mal entschuldigen müssen: Tut mir Leid, Mama! Hoffentlich ist sie mir nicht böse. Na ja, mal abwarten. Eine gewisse Skepsis kann ich ja nicht verhehlen. Mir ist schon etwas mulmig zumute.

Und ganz hinten im Kopf ist da noch ein zweiter Gedanke: Wozu braucht man beim Auf-die-Welt-Kommen eigentlich die Väter? Ich hab ja auch einen, aber was macht der eigentlich zurzeit? Steht der dumm in der Gegend rum, besäuft er sich oder was? Den Stress jedenfalls haben offensichtlich die Mütter. Aber wie gesagt, ist nur so ein Gedanke.

Natürlich konnte unser Freund zu diesem Zeitpunkt noch gar nicht wissen, welche Belastungen in Kürze auf ihn zukommen würden. Dass der natürliche Gang der Dinge einem so jungen Menschen bereits derartige Höchstleistungen abverlangt, beinhaltet ein nicht geringes Maß an Tragik und Dramatik. Außerdem ist es offensichtlich nicht fair.

Ob vielleicht an dem Darwin'schen Motto vom ›survival of the fittest‹, der natürlichen Selektion, doch etwas dran ist? Darwin hatte das ja schon im Jahre 1871 formuliert und ziemlich schlüssig begründet.

So, jetzt scheint es ernst zu werden. Ich bin noch gar nicht auf der Welt, aber es kümmert sich schon eine ganze Menge Leute um mich. Meiner Mama haben sie eine Spritze gegeben und jetzt sagt sie gar nichts mehr.

Und nun? Was ist denn jetzt los? Hey, wartet mal! Auf einmal wird es ganz laut, hell und lausig kalt. Ist es das, wovon meine Eltern seit Wochen reden? Bin ich jetzt geboren? Also, wenn das die Geburt war, dann möchte ich doch erst einmal wieder schleunigst zurück. Aber schon schleppen sie mich weg, mit dem Kopf nach unten. Sind die denn bescheuert? Das soll wohl meinen Kreislauf anregen, aber glauben die, das sei toll? Wenn ich schon wüsste, wie das geht, würde ich mich jetzt erst mal übergeben.

Glücklicherweise packen sie mich jetzt kuschelig warm ein und lassen mich erst einmal in Ruhe. Beim Einschlafen denke ich nur noch: Ob die Mama inzwischen wieder aufgewacht ist? Immerhin hat sie das ja alles meinetwegen über sich ergehen lassen – oder? Den Papa kann man in diesem Zusammenhang offenbar vergessen.

Hunger, Hunger, ich habe Hunger! Bisher war das ja kein Problem für mich, aber was ist denn jetzt? Wo bitte ist meine Nabelschnur? Die haben mir doch einfach meine Nabelschnur abgeschnitten. Ach ja, ich bin ja jetzt auf der Welt; da kann man ja nicht mit einer Nabelschnur herumlaufen – das sähe ja auch wirklich zu doof aus. Aber deswegen kann man mich doch nicht verhungern lassen. Das fängt ja gut an!

Und wer bitte ist das denn jetzt? Auf einmal nimmt mich ein fremder Mann auf den Arm und redet ziemlich unverständlich auf mich ein, dass er mich ganz toll fände und so. Ist ja eine super Anmache! Jetzt erzählt mir bloß nicht, das sei mein Papa. Oder doch? Aber bitte, er wird doch nicht immer derartig viel dummes Zeug reden. Na ja, etwas gewöhnungsbedürftig ist so ein Papa ja schon. Aber auf seinem Arm ist es auch nicht schlecht. Hoffentlich lässt er mich nicht fallen. Ich bin schließlich kein Fallschirmspringer. Wo bitte hätte ich in Mamas Bauch denn auch den Fallschirm deponieren sollen?

Aber das wird er ja wohl wissen, der schlaue Herr Papa. Er trägt schließlich nicht nur mich auf dem Arm, sondern auch für mich die ganze Verantwortung. Ich überlege mir ernsthaft, später selbst mal Papa zu werden.

Puh, auf die Welt zu kommen ist ja ganz schön anstrengend. Aber von jetzt an kann es ja nur noch bergauf gehen. Außerdem hatte ich ja wohl nur so eine Art One-Way-Ticket; ein Zurück gibt es wohl sowieso nicht mehr. Na, hoffen wir das Beste!

So also kam unser Freund nicht auf, sondern in die Welt. Soziologisch gesehen ist dies ein schulmäßiger Fall mit allen möglichen absehbaren Komplikationen einer programmierten verkorksten Biographie. Ein durchaus normaler, aber nicht einfacher Vorgang.

Was also muss denn nun geschehen, damit aus dieser labilen Ausgangslage eine gelingende Sozialisation wird? Am besten wäre es natürlich, wenn unser Freund seine umfassende Orientierungslosigkeit und Unsicherheit bald gegen das Gefühl der Geborgenheit eintauschen könnte.

Man sollte es sich immer wieder vor Augen führen: Bisher hat noch kein Kind um seine Zeugung (geschweige denn um seine Geburt) gebeten; das erhöht die Verantwortung der Eltern natürlich ganz erheblich.

Und schon nach kurzer Zeit gab es für unseren Freund die nächsten unvorhergesehenen Schwierigkeiten.

Wo ist meine Mama? Ich will zu meiner Mama. Da soll es angeblich was zu trinken geben, wäre jetzt nicht schlecht. Na gut, sie haben mich zu dieser Frau ins Zimmer gelegt, die die ganze Zeit schläft. Das kann ja wohl kaum meine Mama sein, oder? Ich komme auf die Welt und sie schläft. Ach so, das ist die Narkose; Entschuldigung! Was erzählt ihr denn da? Woher soll ich denn wissen, was eine Narkose ist? Seid ihr denn überhaupt sicher, dass die jemals wieder wach wird? Ja? Dann macht mal, aber bitte zügig! Wisst ihr denn nicht, dass Kinder ihre Eltern brauchen? Und zwar hellwach, wenn's geht.

So also machte unser Freund seine ersten Lebenserfahrungen. Verlustängste, so weit das Auge reicht; und noch weiter. Nichts als körperlicher und psychischer Stress. Eine Überforderung folgt auf die andere. Wie damit umzugehen ist, weiß man auch nicht von Anfang an. Hier hat die Soziologie als Beziehungslehre (vgl. Georg Simmel) eine wichtige Aufgabe zu erfüllen. Das werden wir noch mehrfach merken.

So also kam nicht nur der Stress, sondern auch die Angst in die Welt, auch in die unseres Freundes. Und was wäre wohl aus ihm geworden, wenn die Eltern nicht bereitgestanden hätten, ihm in allen Lebensagen, die nun auf ihn zukamen, zu helfen?

Nun gut; man hat also zunächst einmal eine Mutter und einen Vater. Bei Müttern gibt es etwas zu trinken, wozu Väter gut sind, ist noch nicht so ganz klar. Zusammen sind das die Eltern und man muss irgendwie in den nächsten fünfzehn bis zwanzig Jahren mit ihnen auskommen, vielleicht noch länger. O.k. I'll do my very best. Und sie wahrscheinlich auch. Das kann ja heiter werden. Ich bin skeptisch und neugierig, aber irgendwie ist es auch spannend. Wir werden sehen.

Das Leben unseres Freundes bestand also wie man sieht zum größten Teil aus Rätseln und Fragen. Alles war verwirrend und unverständlich. Er konnte eigentlich noch nichts und er war sehr auf Hilfe angewiesen. Er war ganz einfach überfordert.

Er kannte inzwischen den Unterschied zwischen Mutter und

Vater; der Rest der Welt kam erst später dran. So wichtige Fragen wie: ›Sind eigentlich alle Menschen gleich?‹ oder ›Wieso bin ich eigentlich hier?‹ und ›Was soll ich hier?‹ müssten sicherlich noch genauer untersucht werden. Dazu war aber jetzt noch nicht die Zeit.

Vordringliche Themen waren andere. Unsicherheit und Orientierungslosigkeit prägten zunächst einmal seinen Alltag. Er brauchte Hilfe – und er bekam sie. Schließlich hatte er Eltern. Eltern sind zum Helfen da, wozu sonst? Und sie halfen ihm beim Erwachsenwerden.

Gibt es eigentlich auch noch etwas anderes als Eltern? Ja, sicher: Kindergarten, Schule, Mädchen. Aber das alles kenne ich ja jetzt noch gar nicht. Das wird wohl erst noch kommen. Noch bin ich für all dies viel zu klein.

Heute hat mein Papa mich und die Mama aus dem Krankenhaus abgeholt – bin zum ersten Male Auto gefahren. Autofahren ist lustig, schaukelt so schön. Muss ich mir merken. Bis nach Hause.

Aha, dann war ich bisher also gar nicht zu Hause. Ist schon ein großer Unterschied, zu Hause und nicht zu Hause. Zu Hause sind nicht mehr so viele weiße Menschen und dafür ein ganzer Haufen Kuscheltiere. Das ist wohl der Hauptunterschied. Aber warum so viele? Haben die mit Drillingen gerechnet oder wie?

Aber solange sie sich anständig benehmen, von mir aus. Ansonsten ist es ganz nett hier. Dauernd kommt jemand, um mich zu begutachten; als hätten sie noch nie ein kleines Kind gesehen. So oder ähnlich sehen wir am Anfang doch alle aus: ein viel zu großer Kopf und ganz viel schrumpelige Haut, das ist doch erst einmal alles. Oder vielleicht doch nicht?

Tja, zu essen gibt es nun regelmäßig und dauernd spielt irgendjemand mit mir. Ich kann mich also im Grunde nicht beklagen. Eltern zu haben ist eigentlich ganz schön. Es soll ja Kinder geben, die keine Eltern haben. Die tun mir jetzt schon irgendwie Leid. Ich denke, ich werde hier bleiben. Sie sollen ihre Chance bekommen.

Jetzt habe ich es endlich begriffen: Ich war ja bisher noch gar nicht zu Hause. Offensichtlich ist es unüblich, zu Hause auf die Welt zu kommen. Wieso das denn? Stirbt man denn später wenigstens zu Hause oder geschieht das dann auch wieder woanders? Aber vielleicht sollte ich mir jetzt erst einmal andere Sorgen machen; jetzt muss gelebt werden, Sterben kommt später.

Lustig finde ich, wie die Menschen um mich herum immer wieder versuchen, irgendwelche Ähnlichkeiten zwischen mir und meiner Mama oder meinem Papa festzustellen. Woher dieses weitverbreitete Bedürfnis kommt, werden mir später sicher einmal die Kollegen von der psychologischen Fraktion erklären.

So habe ich angeblich Papas Nase und Mamas Füße. Ob das vielleicht nicht doch alles Unfug ist? Vielleicht habe ich ja aber auch Mamas Bauchspeicheldrüse und Papas Milz. Das wird wohl nie jemand feststellen, wie denn auch? Erwachsene scheinen da im wörtlichen Sinne doch recht oberflächlich (!) zu sein.

Manchmal beschleicht mich der Gedanke, dass sie gar nicht so schlau sind, wie sie immer annehmen. Reines Wunschdenken: Von wegen ›Ich weiß, dass ich nichts weiß‹ oder ›cogito, ergo sum (indem ich denke, bin ich)‹. Das mag ja vielleicht für die alten Griechen oder René Descartes ausgereicht haben, mir ist das doch ein bisschen zu wenig.

Natürlich kann ich noch nicht sprechen. Aber kann mir mal jemand erklären, wie ich das jemals lernen soll, wenn die meisten Leute nur unverständliche Laute von sich geben, sobald sie mich sehen: tüllütü, killekille, hatschipatschi oder bululu.

Überhaupt scheint bei den meisten Erwachsenen beim Anblick von Kleinkindern irgendetwas nicht mehr richtig zu funktionieren. So werde ich doch dauernd gefragt: Ja, wo ist denn der Kleine? Obwohl ich genau vor ihnen im Kinderwagen liege. Wenn ich könnte, würde ich ihnen antworten: Ja wahrscheinlich bin ich zurzeit im Urlaub oder vielleicht gerade ›auf Schalke‹.

Wie hieß noch die Überschrift über unserem ersten Kapitel? ›Aller Anfang ist schwer‹? Stimmt! Und zwar physisch und mental. Das kann ich nun aus eigenem Erleben voll und ganz bestätigen.

Zusammenfassend möchte ich deshalb doch um etwas mehr Ernsthaftigkeit im Umgang mit Kindern bitten. Für mich ist das alles hier schließlich der Ernstfall, was ihr offenbar mehrheitlich *einfach nur lustig findet. Das ist mein Leben und ich habe nur das eine, soweit ich weiß.*

Aber noch hört ja keiner auf mich. Ob sich das später ändert? Da bin ich mir nicht so sicher.

Jetzt geht's los: Primärsozialisation

> Kinder sind wie Uhren; man kann sie nicht
> beständig aufziehen, man muss sie auch gehen
> lassen.
> *Jean Paul*

Wir alle sind einmal als physiologische Frühgeburten auf die Welt
gekommen. Materiell und emotional sind wir nach unserer Geburt
total hilfsbedürftig, ohne Hilfe wären wir in dieser ersten Phase
unserer lebenslangen Sozialisation praktisch lebensunfähig.

Am Ende dieser ersten Etappe sollten wir jedoch zumindest in
der Lage sein, uns in der uns umgebenden Gesellschaft einigermaßen zurechtzufinden. Die dazu notwendige soziale Handlungskom-
petenz müssen wir uns jetzt erwerben. Zu diesem Zwecke werden
wir in dieser Phase ohne es zu ahnen Gegenstand der Psychologie,
der Pädagogik, der Medizin, der Anthropologie und natürlich auch
der Soziologie.

Und was kommt dabei heraus? Hauptsächlich die Erkenntnis,
dass wir am Ende die entscheidenden Schritte doch selbst tun müssen. Vor allem muss man lernen, wollen zu können.

*Gestern waren meine Eltern mit mir bei Freunden, wo ich etwas
ziemlich Schockierendes erlebt habe. Da hatten sie einen meiner
Alterskameraden doch tatsächlich in ein Babygefängnis, einen so
genannten Laufstall, gesetzt. Das hatte für die Erwachsenen natürlich den großen Vorteil, dass sie den so weggesperrten Kollegen nicht
weiter zu beaufsichtigen brauchten. Dass der arme Kerl sich – solange die Kraft reichte – die Seele aus dem Leib brüllte, konnte ich allerdings gut verstehen. Eingesperrt zu sein ist schlimm, für große und
für kleine Leute.*

Gut, dass wir zu Hause so ein mobiles Gefängnis gar nicht haben.

So kann ich nach Herzenslust Schranktüren öffnen und den Inhalt völlig neu gestalten. Auch habe ich schon festgestellt, ab welcher Schräglage die Stehlampe wohl umfällt. Und ich kenne inzwischen auch das Geräusch, das entsteht, wenn eine Porzellanvase aus einem Meter Höhe auf einen Steinboden fällt – alles selbst herausgefunden!

So, jetzt habe ich mich erst einmal entschlossen, mir einige unverzichtbare (Kultur-)Techniken anzueignen, z. B. vernünftig laufen zu lernen. Man hat dann doch ganz andere Möglichkeiten, als wenn man immer nur so auf dem Boden herumrutscht. Aber so ganz einfach ist das leider gar nicht, besonders die Sache mit dem Gleichgewicht bereitet mir manchmal etwas Kopfzerbrechen. Dauernd fällt man wieder um. Das kann auch schon mal ein bisschen wehtun. Dann heul ich mir 'ne Strophe. Aber im Grunde gibt es da nur eins: trainieren, trainieren, trainieren. Das hilft.

Und wenn ich mir wieder mal wehgetan habe, dann werde ich eben wieder einmal von irgendwem getröstet. Am besten von Mama oder Papa, die kenn ich schon und weiß, dass die das können: trösten. Getröstet werden ist auch Klasse. Außerdem: Das haben vor mir schon ganz andere geschafft, ich schaff das auch!

Um sich die Welt aneignen zu können, bedarf es also eines natürlichen Ehrgeizes, einer elementaren Neugier und eines gesunden Egoismus, wobei uns unterschiedliche Methoden der ›Aneignung‹ zur Verfügung stehen. Entscheidend ist, wie wir im konkreten Einzelfall mit dem Spannungsfeld von personaler Autonomie und sozialer Determiniertheit umgehen.

(Für Insider: Die Theorie des ›Symbolischen Interaktionismus‹ gibt uns hier sehr hilfreiche Hinweise.)

Offensichtlich ist ›learning by doing‹ die wohl älteste Methode des Lernens. Dabei ist man autonom; Eltern, Lehrer oder andere Alleskönner, die die Rolle externer Autoritäten übernehmen, sind dabei gar nicht nötig. Man macht es selbst. Aber das ist auch riskant. So müssen wohl all die eher nur halbgescheiten Redensarten entstanden sein, wie: Jeder macht seine eigenen Fehler. Aller Anfang ist schwer. Jeder ist seines Glückes Schmied. Wenn wir aus Fehlern lernen wollen – und wer will das nicht, so müssen wir sie einmal machen und danach auf Dauer vermeiden.

Soziologisch betrachtet muss man natürlich zugeben, dass so niemals wirklicher Fortschritt erreicht werden kann, wenn jeder immer wieder die gleichen Fehler macht wie seine Vorgänger. Immer wieder bei ›null‹ anzufangen ist – wissenschaftstheoretisch gesehen – ein ziemlicher Unfug.

Wenn wir es nicht schaffen, die Evolutionsstufe des rein individuellen Lernens zu überwinden und kollektive (gesellschaftliche) Lernverfahren zu entwickeln und zu nutzen, dann wird das wohl nie etwas mit dem Fortschritt der Menschheit.

Nur frühzeitiges und begründetes Umdenken führt zu legitimierten innovativen Handlungsmustern – ein ebenso richtiger wie schöner Satz!

So, jetzt werde ich bald ein Jahr alt, habe also meinen zweiten Geburtstag, obwohl die meisten Leute sagen, es wäre mein erster. Richtig rechnen können die auch nicht alle. Aber wieso sollten Erwachsene auch alles können und wissen? Sie sind ja eigentlich doch auch nichts anderes als älter gewordene Kinder.

Im Grunde bin ich ja mal sehr gespannt, wie das, was man so das ›Leben‹ nennt, nun weitergeht. Das erste Jahr war durchaus akzeptabel und ich finde, ich habe schon ganz schön viel erlebt in dieser kurzen Zeit. Außerdem habe ich ja meinen persönlichen Wahlspruch, der ganz gut zu mir passt: Ich schaff' das schon, ich schaff das schon, ich schaff das ganz alleine.

Aber wenn ich wirklich mal Hilfe brauche, sind die Eltern ja auch noch da. Das ist ziemlich beruhigend. Fast könnte man sagen: cool. Und damit ihr das wisst: Meine subjektive Befindlichkeit ist jedenfalls ganz zufrieden stellend. Von mir aus kann's also weitergehen, das, was man so ›Leben‹ nennt. Lasst uns mal Gas geben!

Seit einiger Zeit haben meine Eltern angefangen, mir abends beim Einschlafen immer eine Geschichte vorzulesen. Das ist etwas Feines. Rein emotional voll toll! Da kann ich immer so schön bei kuscheln. Was für eine Geschichte sie vorlesen, ist eigentlich völlig egal. Es ist einfach nur gut, zum Schluss des Tages eine vertraute Stimme zu hören. Das vermittelt ein schönes Gefühl von Sicherheit und Geborgenheit.

Manchmal bin ich schon längst weggeschlummert und der Papa liest und liest und liest; einmal wäre er selber fast dabei eingeschlafen. Na ja, dann hätte ich ihm eben die Geschichte weiter vorgelesen. Das wäre nur fair gewesen. Aber noch geht das ja nicht. Also, ich merk das schon: Ich muss bald lesen lernen!

Einmal war mein Papa für ein paar Tage beruflich unterwegs. Da hat er mir doch die ganze Geschichte vom Räuber Hotzenplotz auf eine Audiokassette vorgelesen, sodass ich ihm abends zuhören konnte, obwohl er gar nicht da war. Das fand ich süß. Diese Kassette werde ich mir wohl aufheben, bis ich groß bin – vielleicht sogar noch länger.

›Learning by doing‹ und ›trial and error‹ waren ja schon ganz gut, Imitationen sind vielleicht jedoch noch besser. Die Unterschiede sind signifikant. Wie wir inzwischen wissen, ist das Fehlermachen zwar lehrreich, aber auch riskant. Imitationen dagegen haben – inhaltlich betrachtet – ihre Bewährung als brauchbar oder hilfreich bereits hinter sich. Das macht sie attraktiv und sicher.

Auf der anderen Seite braucht man für sie keinerlei Kreativität. Das haben andere schon erledigt. So kann man viel lernen und man eckt kaum an. Wir werden dabei natürlich in Kauf nehmen müssen, dass das Ergebnis lediglich ein stromlinienförmig angepasster und politisch pflegeleichter Mitbürger ist, der weder glücklich noch unglücklich ist. Konformität als Sozialisationsziel? Ob wir das wollen – wollen sollen?

Nun, wer sich einmal genauer danach erkundigt, warum unsere Vorfahren so großen Wert auf gehorsame Nachkommen gelegt haben, der wird schnell erkennen, dass die Übertragung elterlicher Wertvorstellungen auf die nächste Generation umso reibungsloser funktioniert, je weniger sich die Kinder zu eigenständigen Persönlichkeiten entwickeln.

Wenn wir ehrlich sind, müssen wir allerdings zugeben, dass es sich hierbei kaum mehr um Erziehung oder gar Pädagogik handelt, sondern nur mehr um Dressur. Und das ist eigentlich etwas für

Tiere, nicht für Menschen. Man kann einen Elefanten durchaus dazu bringen, auf einem Bein zu stehen, obwohl jeder weiß, dass dies eine für ein solches Tier völlig unsinnige Verhaltensform ist und dass er bei seinem Gewicht eigentlich dringend auf alle seine vier Beine angewiesen ist; man sollte ihm zur Entlastung eher ein fünftes Bein spendieren.

Im Zuge ausgeklügelter Dressurakte mag der Satz ›Solange du deine Beine unter meinen Tisch stellst …‹, sprich: solange du dein Futter von mir bekommst, tust du, was ich sage, noch einige Berechtigung haben. Erziehung aber geht anders.

Nein, Kinder sollten viel weniger zu formalem Gehorsam als vielmehr zu inhaltlichem Verständnis und selbstverantwortlichem Handeln erzogen werden. Jedes Kind ist ein Unikat der Schöpfung. Das sollte man nicht vergessen.

Also gut, jetzt geht's in den Kindergarten. Hey, nicht schlecht: Hier wird gesungen und gespielt, es werden Geschichten erzählt und es wird auch viel Quatsch gemacht. Quatsch ist Klasse. Endlich habe ich auch einen Haufen anderer Kinder um mich herum.

Erfahrungen mit Geschwistern haben mir meine Eltern ja vorenthalten. Dafür könnte ich ihnen direkt ein bisschen böse sein. Warum haben sie mir nicht ein kleines Geschwisterchen gemacht, das kann doch so schwer nicht sein. Sie wissen doch, wie's geht. Aber sie haben sich das mit dem Kinderkriegen ja doch ziemlich spät überlegt; eigentlich ein wenig unverantwortlich von ihnen. Zu ihrer Entlastung nehme ich einmal an, dass sie sich solche Gedanken damals gar nicht gemacht haben.

Ich weiß ja gar nicht, was ich alles verpasse; und sie wissen ebenso wenig, was ihnen entgeht. Einzelkinder können ja auch ganz schön nervig sein. Sicherlich gibt es ja auch verkorkste Geschwister, die bleiben mir so allerdings erspart. Ich brauche jetzt natürlich mit niemandem zu teilen, habe aber auch keinen Partner auf meiner Ebene, mit dem ich spielen, reden und streiten könnte.

Na ja, Hauptsache, für mich hat's noch gelangt; aber irgendwie ärgert das mich das doch ein bisschen.

Offenbar gibt es nur zwei verschiedene Sorten von Kindern: Jungen und Mädchen. Ich hatte früher schon mehrfach nachgeschaut, zu welcher Gruppe ich denn wohl gehöre, habe aber immer nur mich selbst gefunden. Inzwischen ist es aber klar: Ich bin ein Junge, eindeutig. Ich kontrolliere das täglich, wer weiß, ob das auch so bleibt.

Ich bin ja mal gespannt, ob das später mehr Vorteile oder mehr Nachteile mit sich bringt. Der Unterschied zwischen Jungen und Mädchen besteht eigentlich nur in einer Kleinigkeit, aber die scheint wichtig zu sein. Damit werde ich mich in Zukunft sicher noch genauer befassen.

Ich denke, es ist gut, ein Junge zu sein, denn Mädchen sind ja sowieso doof. Dies ist offenbar ein fundamentales Naturgesetz. Woher ich das weiß? Weiß ich nicht.

Natürlich können auch wir nicht wissen, woher unser Freund in diesem zarten Alter schon eine derart festgefügte Vorstellung von ›Mann‹ und ›Frau‹ hatte. Ob das vielleicht doch nicht alles nur aus ihm selbst heraus kam? Eventuell haben ihm seine Eltern und andere Bezugspersonen durch Reden, Verhalten und Handeln auch ihre spezifischen Meinungen bereits jetzt vermittelt. So beginnen nämlich üblicherweise Vorurteile bei Mitmenschen zu wirken, die sich selbst noch gar kein Urteil bilden können oder wollen.

Von Zeit zu Zeit stelle ich mir vor, ich wäre gar nicht geboren worden, wo wäre ich denn dann? Gäbe es mich dann gar nicht? Komischer Gedanke! Muss ich später noch einmal drüber nachdenken, wenn ich groß bin. Scheint in Richtung ›Philosophie‹ zu gehen und diese ist ja wohl so etwas wie die auf dem platten Lande wohnende Verwandtschaft der Soziologie. Was ich jetzt schon gemerkt habe: Soziologen sind wie Hausbesitzer; dauernd gibt es etwas zu reparieren und nie werden sie wirklich fertig.

Aber die Philosophie ist, soweit ich weiß, weitgehend den Erwachsenen vorbehalten. Warum Philosophie nicht jugendfrei ist, ist mir allerdings nicht klar. Ich könnte doch einfach mal nur so vor mich hin philosophieren, würden die das denn überhaupt merken? Ich könnte ja ganz, ganz leise philosophieren, nur so für mich. Darf man das?

Das haben doch ein Seitensprung und die Philosophie gemeinsam? Beide beginnen damit, dass man über den Zaun guckt, also neugierig ist. Und die Soziologie ist ja nun durchaus eine recht jugendliche Verwandte der Philosophie. Das genaue Abstammungsverhältnis ist bisher aber noch nicht völlig geklärt worden. Sie könnte auch ein uneheliches Kind der Philosophie sein, das aus einer bisher geheim gehaltenen Verbindung mit der Phantasie hervorgegangen ist. Da gibt es unterschiedliche Meinungen und jede Menge Spekulationen.

Aber schließlich stellen nicht die Philosophen die radikalsten Fragen, sondern wir Kinder. Das werdet ihr schon noch merken! Und auf die Antworten bin ich jetzt schon gespannt; zieht euch warm an, ihr erwachsenen Schlauköpfe! Akzeptierbare Antworten auf kluge Kinderfragen zu geben, ist nicht ganz einfach!

Besonders von älteren Leuten höre ich oft: ›Was Hänschen nicht lernt, lernt Hans nimmermehr.‹ Das soll wohl so viel bedeuten wie: Mit dem Lernen kann man gar nicht früh genug anfangen.

Einverstanden – dann bringt mir gefälligst etwas bei! Aber was Vernünftiges bitte! Ihr wisst doch: Vernünftig ist das, was mir später nützt und das Leben erleichtert. Ganz einfach, nicht wahr? Da hättet ihr auch selbst darauf kommen können. Aber ihr seid ja schon erwachsen; da kann ich ja wohl nicht mehr allzu viel Kreativität erwarten. Ich will euch ja auch nicht überfordern, ich brauche euch ja noch. Zum Beispiel zum Schmusen, zum Trösten, zum Helfen und zum Quatsch machen, um nur die wichtigsten Sachen zu nennen.

Ich bin nicht allein: Familie

> Gute Familien sind Familien, in denen Dinge
> nicht vorkommen, die in den besten Familien
> vorkommen.
> *Robert Lembke*

*Und dann hatte ich mein erstes so genanntes Schlüsselerlebnis.
Eines Tages, oder besser: eines Nachts hatte ich fürchterliche
Albträume. Riesige schwarze Gestalten waren in mein Zimmer ein-
gedrungen und bedrohten mich von allen Seiten, sodass ich weinte
und um Hilfe schrie. Nach kurzer Zeit kam mein Vater herein und
machte etwas, was ich erst viel später wirklich verstanden habe.
Natürlich hätte er mich beruhigen können, indem er mir, rational
korrekt, erklärt hätte, dass da doch gar niemand sei und dass ich
ruhig weiterschlafen könnte.*

*Aber was machte er? Er öffnete energisch das Fenster und
begann, die fremden Gestalten wüst zu beschimpfen: Was sie sich
denn wohl dächten, mich so zu erschrecken. Und sie würden ganz
großen Ärger bekommen, wenn sie nicht sofort verschwänden.*

*Er wartete einen Moment, bis die Fremden den Weg nach
draußen gefunden hatten, schloss das Fenster energisch, streichelte
mir über den Kopf und meinte, denen hätten wir es aber gegeben und
die kämen bestimmt nie wieder. Und wissen Sie was? Genau so war
es.*

*So wachse ich also jetzt Tag für Tag heran. Langsam zwar, aber
immerhin. Wo heran eigentlich? Weiß ich nicht, ich wachse einfach,
routinemäßig sozusagen, mit allen Zwischenstationen, die hierbei
üblich sind.*

*Manchmal bin ich ganz brav. Meine Eltern honorieren das regel-
mäßig mit allerlei unnötigem Spielzeug, übertriebener Zuwendung*

und ungesunden Lebensmitteln. Dafür gibt es nur eine Entschuldigung: Sie meinen es gut!

Manchmal bin ich auch ungezogen. Dann sind es meine Eltern auch. Um die Frage, wer angefangen hat, sollte man sich dabei nicht weiter kümmern. Das bringt einfach gar nichts. Solche Situationen kann man nur ›aussitzen‹, abwarten und Milch trinken.

Manchmal bin ich auch bockig. Ich gehe dann den Weg in die innere Emigration und will mit der Außenwelt erst einmal gar nichts mehr zu tun haben. Das geht aber höchstens so lange, bis der ›kleine Hunger‹ oder andere Urbedürfnisse, z. B. in Form einer elementaren Kuschelnachfrage, kommen und ihr Recht fordern.

Also, mein bisheriges Familienleben verläuft total normal. Sensationen sind weit und breit nirgendwo zu sehen. Vielleicht kommen die ja noch. Nun bin ich Teil einer Familie, wenn auch einer kleinen. Eigentlich ist das ja eine ganz tolle Sache.

Der Volksmund sagt: Kleine Kinder, kleine Sorgen; große Kinder, große Sorgen. So ein Unsinn! Wenn das stimmen würde, so müsste ich ja meinen Eltern umso mehr Sorgen bereiten, je größer ich werde. Das ist aber doch bestimmt nicht meine Aufgabe. Ich denke, manchmal sind die Volksweisheiten doch nicht so weise, wie oft vermutet wird.

Elterliche Pädagogik sollte sich primär auf die Auswahl und das Zugänglichmachen zu Personen und Institutionen beziehen und weniger auf direkte punktuelle Handlungsanweisungen. Elterliche Richtlinienkompetenz (Rahmenkompetenz) muss den Vorrang vor interventionspädagogischen Eingriffen haben.

Als unser Freund später einmal gefragt wurde, was wohl das Wichtigste gewesen sei, was seine Eltern ihm jemals geschenkt haben, so war es nicht die elektrische Eisenbahn zu Weihnachten oder das schöne Fahrrad zum Geburtstag und auch nicht das Auto anlässlich seiner Volljährigkeit. Nein, seine Antwort war überraschend.

Das Wichtigste, was er jemals von seinen Eltern bekommen hatte, war: Zeit, Zeit des Wartens, Zeit des Zuhörens, Zeit der Zuwendung, Zeit der Geduld. Zeit ist das Wichtigste, was wir haben

– und zwar begrenzt. Fast alles können wir mit dem entsprechenden Aufwand reproduzieren, Zeit nicht. Sie ist unwiederbringlich verloren, wenn wir sie nicht dann nutzen, wenn sie da ist, wenn wir sie haben.

Würden wir alle unseren Kindern mehr Zeit – für viele Erwachsene das knappste aller Güter – schenken, so würden sich viele Sozialisationsprobleme schon vor ihrer Entstehung in Wohlgefallen auflösen. Schenken wir unseren Lieben doch bei nächster Gelegenheit (zum Beispiel zum Geburtstag) einmal 24 Stunden oder gar drei Tage Zeit. Vielleicht werden wir überrascht sein, wie groß die Freude bei den Beschenkten darüber ist.

Wir sollten uns also bemühen, Kinder in einem ihnen gemäßen Tempo zu erziehen, oder besser: aufwachsen zu lassen. Erwachsenwerden braucht Zeit und dieser Vorgang sollte eher entschleunigt als beschleunigt werden. Er vollzieht sich – immer parallel – auf drei Ebenen:

– Personalisation Entwicklung und Stabilisierung individueller Aspekte der Persönlichkeitsbildung zum Zwecke der Lebensbewältigung und Selbstentfaltung.

– Sozialisation Einüben und Internalisieren gesellschaftlicher Normen und Regeln zum Zwecke des Konfliktabbaus und der Konfliktregulierung.

– Kulturation Kennenlernen und Handhaben von Kulturgehalten mit dem Ziel der Akzeptanzerhöhung und Konsensschaffung.

›Man könnt‹ erzogene Kinder gebären, wenn die Eltern erzogen wären.‹ Eine treffende Formulierung, die leider nicht von mir, sondern von Goethe stammt. Sie besagt natürlich auch, dass Erziehung ein intergenerativer Prozess ist, der Handlungsleitlinien von einer Generation zur nächsten transportiert.

Natürlich laufen alle so genannten Sozialisationsprozesse nicht im luftleeren Raum ab. Vielmehr geschehen sie eingebunden in gesellschaftliche Strukturen, die nur sehr begrenzt frei wählbar sind.

Im Laufe der Zeit haben sich innerhalb der Soziologie die folgenden fünf Grundgebilde (Aggregate) als analytische Kategorien bewährt und werden deshalb auch immer wieder verwendet. Man kann sie guten Gewissens weiterempfehlen.

Hierbei trifft das Individuum mit seinem Ego auf sein soziales Gegenüber, seinen Kommunikationspartner (Alter) und schon geht's los: Es entsteht eine – zunächst abstrakte – Sozialität, die wir nun strukturieren müssen, um sie analytisch einsetzen zu können. So erreichen wir eine saubere Sprachregelung, wissen, wovon wir reden, und beugen Missverständnissen vor:

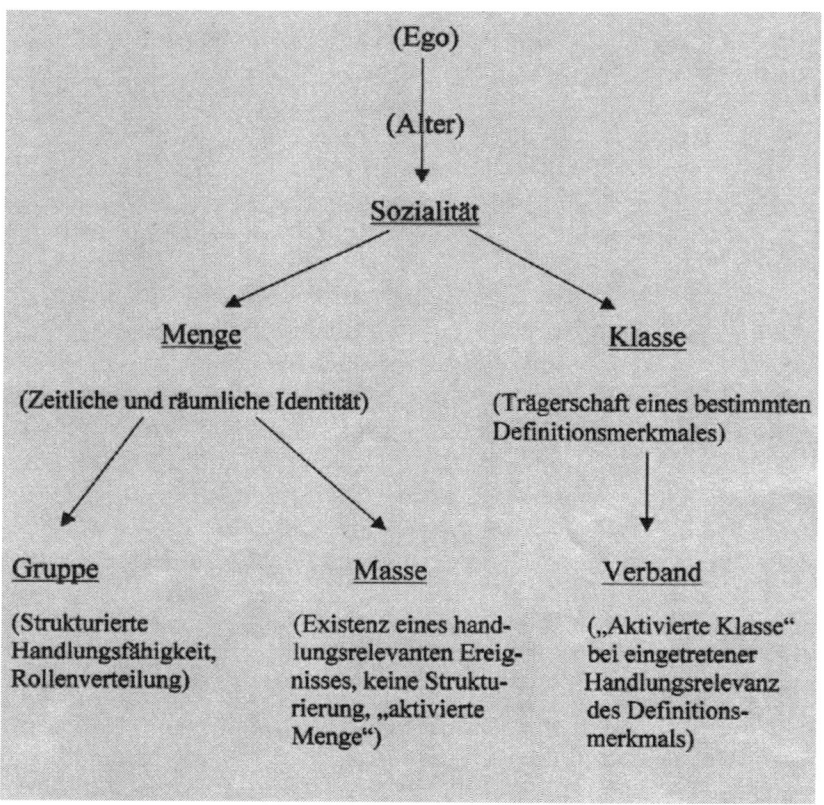

Wenigstens tabellarisch seien hier einige anschauliche Beispiele genannt:

Menge: Alle zur selben Zeit am gleichen Ort befindliche Menschen, z. B. in einem Fußballstadion oder an einer Straßenbahnhaltestelle.

Klasse: Alle Menschen, die mindestens ein bestimmtes Merkmal verbindet, z. B. Brillenträger zu sein oder einen Führerschein zu haben.

Gruppe: Soziales Gebilde mit ausgeprägten Binnenstrukturen und Rollen- und Aufgabenverteilungen, wie z. B. eine Fußballmannschaft oder eine Familie.

Masse: Passiert in einer Menge ein handlungsrelevantes Ereignis, fällt z. B. im Fußballstadion ein Tor, so wird die Menge aktiviert und handelt entsprechend (applaudiert, schreit, singt, weint usw.).

Verband: Wird das Definitionsmerkmal für die Klassenmitglieder handlungsrelevant, so organisieren sie sich, um ihre Interessen erfolgreicher vertreten zu können. Führerscheininhaber werden zu ADAC-Mitgliedern, Arbeitnehmer treten in die Gewerkschaft ein usw.

Natürlich passt in diese Kategorisierung auch der berühmte Klassenbegriff von Karl Marx, wonach sich die beiden Klassen Bourgeoisie und Proletariat antagonistisch-unversöhnlich gegenüberstehen, was letztendlich zur ›Proletarischen Revolution‹ führen sollte. Die Zugehörigkeit zur jeweiligen Klasse entscheidet sich hierbei an dem Definitionsmerkmal ›Eigentum an Produktionsmitteln‹ oder eben ›Nicht-Eigentum an Produktionsmitteln‹.

Menge und Klasse werden, da sie sich ohne Umwege aus der Tatsache menschlicher Sozialität ergeben, auch ›Primäre soziale Gebilde‹ genannt. Aus der Umkehrung dieses Satzes folgt logisch, dass Gruppe, Masse und Verband ›Sekundäre soziale Gebilde‹ sind.

Menge, Gruppe und Masse sind insofern ›direkte soziale Gebilde‹, als die sich in ihnen befindlichen Menschen die Möglichkeit ungefilterter Direkt-Kommunikationen haben, während in Klassen und Verbänden nur ausnahmsweise so genannte ›face-to-face-Kommuni-kationen‹ vorkommen. Diese nennen wir daher auch ›indirekte soziale Gebilde‹.

Die Familie ist das für die Primär- und Jugendsozialisation wichtigste soziale Gebilde, ein Anwendungsfall der sozialen Gruppe. Natürlich sind Familien weit mehr als steuerlich begünstigte Ich-AGs zur Anfertigung von Steuerzahlern der nächsten Generation. Um hier eine saubere und möglichst vollständige Analyse machen zu können, sind die folgenden Aspekte in jedem Einzelfall zu klären.

Die vorindustrielle, bäuerliche Großfamilie (Mehrgenerationen-familien) war für die Betroffenen selbstverständlich und alternativlos. Sie war eine lebenslange Schicksalsgemeinschaft. Zur Realisierung von Sexualität gab es einen faktischen Ehezwang, alles andere kam zwar vor, war aber höchst tabuisiert. Kinderlosigkeit galt als Strafe Gottes. Die Familie war eine Wirtschaftseinheit und sicherte alle Unselbstständigen, wie Kinder, Alte und Kranke, ökonomisch und sozial ab.

Nun, das hat sich natürlich in den letzten Jahrzehnten entscheidend geändert. Heute haben wir es mit einer Vielzahl alternativer Lebensformen zu tun, die die individuelle Lebensorganisation weitgehend beliebig bzw. variabel machen. Die Ehe ist relativ leicht auflösbar, die Nicht-Verheiratung ist gesellschaftlich akzeptiert, Kinderlosigkeit ist fast schon der Normalfall und gleichgeschlechtliche Lebensbündnisse sind – inzwischen auch rechtlich – möglich, geregelt und weitgehend toleriert.

Eine Gegenüberstellung der traditionellen Großfamilie und der modernen Kleinfamilie ergibt folgendes Bild:

Traditionelle Großfamilie	Moderne Kleinfamilie
Wirtschaftliche Sicherung	Emanzipation aller Beteiligten
Klare Rollenverteilung	Intimität auf Distanz
Eindeutige Autoritätsstruktur	Sozialisierungsinstitution
Soziale Sicherung	Vielfalt der Außenbeziehungen
Soziale Kontrolle	Freiheit aller für alles
Sexualitätsmonopol	Selbstverwirklichungschancen
Zwangssolidarität	Zeitlich befristete Bindung

Alle Versionen der Bindung gehen irgendwann einmal zu Ende. Dafür gibt es drei Varianten: Die Verwitwung tritt beim Tod eines Lebenspartners ein; die Desertion bezeichnet die Trennung zu Lebzeiten und die Scheidung meint die Auflösung von Partnerschaften mit bestimmten juristischen Konsequenzen.

Dass bei all diesen Alternativen manch einer bzw. manch eine (meistens sind nämlich Frauen die ›Leidtragenden‹) auf der Strecke bleibt, ist klar. Viele soziale Sicherungsaufgaben werden daher heute vom Staat, das heißt: der Gemeinschaft als ›Ersatzfamilie‹, übernommen.

Die heutige Kleinfamilie ist in vielerlei Hinsicht überfordert, daher werden wichtige soziale Funktionen ausgelagert: Erziehung, Gesundheitsfürsorge, religiöse Unterweisung und politische Bildung werden weitgehend nicht mehr in der Familie praktiziert und passieren anderenorts, außerfamiliär eben. Man kann dies bedauern, muss es aber nicht.

Um zu einer abgesicherten Wertung kommen zu können, müssen wir – mit Hilfe der Soziologie – jeden Fall sauber und sorgfältig analysieren. Zum Beispiel so:

Für jede Gruppenanalyse (also auch für die Familie) gelten die folgenden Maßstäbe:

1. Gruppenstruktur

– Personelle Zusammensetzung	(Wer?)
– Autoritätszuordnungen	(Mit wem?)
– Methoden der Zielfindung	(Auf welche Art?)
– Verhaltensspielräume	(Wo?)
– Interne Steuerungsmechanismen	(Womit?)

2. Gruppengenese

– Zeitliche Entstehungsgeschichte	(Wann?)
– Motive des Zusammenschlusses	(Warum?)
– Art und Weise des Zusammenhaltes	(Wie?)
– Interne und externe Einflüsse	(Woher?)
– Sächliche und ideologische Einflüsse	(Was?)

3. Interventionslegitimation

– Bewertung von Zielen und Verhalten	(Urteil)
– Ziel-Mittel-Konformität	(Eignung)
– Kompetenznachweis	(Fähigkeit)
– Ex-ante-Kontrollen	(Tests)
– Ex-post-Kontrollen	(Effektivität)

4. Steuerungstechniken

– Verbales und non-verbales Verhalten	(Sprache/Handlung)
– Intellektuelle Beeinflussung	(Lehren)
– Emotionale Beeinflussung	(Zuneigung)
– Materielle und immaterielle Sanktionen	(Belohnung)
– Zwangsausübung	(Gewalt)
– Animationen	(Überzeugung)

Innerhalb von Gruppen kommt es immer wieder zur Gegenüberstellung von Individualität und Sozialität bezüglich ihrer jeweiligen Vor- und Nachteile. Begründbare Entscheidungen können nur auf der Basis des andauernden Vergleiches gefällt werden.

1. Gruppenformen

Direkte (primäre) und indirekte (sekundäre) Gruppen

Welche Art der Zugehörigkeit führt zur Mitgliedschaft?

Formelle und informelle Gruppen

Inwieweit besteht eine system-strukturelle Verankerung?

Der Freiwilligkeitsgrad der Mitgliedschaft

Welche Motive gibt es, Mit-glied zu werden bzw. zu bleiben?

Die Dauerhaftigkeit

Wie lange dauert die Mitgliedschaft an?

2. Individualitätsvorteile

Egoismus und Motivation

Welche persönlichen Gründe sprechen dafür?

Intrakommunikation und Interkommunikation

Nach welchen Regeln verstän-digen sich die Mitglieder?

Selbstrelationierung

Was muss der Einzelne in die Gruppe einbringen?

Entscheidungsweg und Geschwindigkeit

Wie und wie schnell kommen Gruppenentscheidungen zustande?

3. Gruppenvorteile

Rollenverteilung und Arbeitsteilung

Bringen der Gruppe Struktur- und Effektivitätsvorteile.

Leistungsvorteile	Gruppenleistungen sind mehr als die Summe von Einzelleistungen.
Individualitätsentlastung	Entstehen durch Arbeitsteilung und Spezialisierungen.
Relative Folgenlosigkeit des Handelns	Möglicher Fehlerausgleich durch andere Mitglieder.
Anonymisierung von Verantwortung	Verursachung und Folgen können auseinander fallen.

4. Kommunikation

Informationsgewinnung	Woher stammen die notwendigen Informationen?
Soziale Informations-verarbeitung	Nach welchen kybernetischen Regeln werden sie verarbeitet?
Vermittlungstechniken	Wie werden sie an die Gruppenmitglieder übertragen?
Lernprozesse	Wie ist die Gruppenreaktion bei Wiederholungen?

Gruppenzusammenhänge leben von funktionierender Kommunikation. Fast alle internen oder externen Gruppenkonflikte haben ihre Quelle in kommunikativen Schwierigkeiten.

Um angestrebte Ziele effektiv zu erreichen, müssen Gruppen arbeitsteilig organisiert und hierarchisch durchstrukturiert sein.

Wir kennen verschiedene Führungsstile, die – je nach beteiligten Personen und definiertem Gruppenziel – eingesetzt werden können.

1. Autoritär: Entscheidungen werden patriarchalisch-zentralistisch gefällt. Partizipation anderer ist eher unerwünscht. Hierzu ist ein deutliches Autoritätsgefälle mit charismatischen Anteilen nötig (Vertikalstruktur). Das beschleunigt die Prozesse erheblich. Andere Gruppenmitglieder zu motivieren wird jedoch schwierig sein.

2. Demokratisch: Hier werden möglichst viele Gruppenmitglieder an allen notwendigen Entscheidungen beteiligt (Horizontalstruktur). So werden zwar möglichst viele Kompetenzen gebündelt; die Organisation der Abläufe ist jedoch oft schwierig. Die Teilhabe aller an allem verlangsamt die Entscheidungsprozesse.

3. Bürokratisch: Die Gruppenleitung tritt in den Hintergrund. Probleme werden verwaltet und auf dem Instanzenweg bearbeitet. Innovative Ideen von Gruppenmitgliedern würden den routinemäßigen Ablauf eher stören. Die Regeln sind klar und nachprüfbar, aber unflexibel. Typische Führungsvariante in allen verbeamteten Bereichen.

4. Laissez-faire: Hier geschieht Führung eher indirekt durch Information und Vorschlagswesen. Die Autorität tritt in den Hintergrund und die Gruppenmitglieder sind weitgehend frei in ihren Entscheidungen und Handlungen. Unterhalb der Führungsspitze, die die Ziele fixiert, gibt es große Handlungsspielräume der Akteure (›management by objectives‹ und ›management by delegation‹).

Kriterien für die Entscheidung über den jeweils passenden und einzusetzenden Führungsstil sind:

- Der Adressat
  (die handelnden Personen)

- Die Sache
  (die Verbindlichkeit des Inhaltes)

- Das Timing
  (die Entscheidungs- und Handlungsgeschwindigkeiten)

- Die Reichweite
  (zeitlich, inhaltlich und personell)

Unkalkulierbar wird ein Führungsverhalten dann, wenn ohne erkennbaren Grund dauernd zwischen den unterschiedlichen Stilebenen hin und her gewechselt wird.

Führungstätigkeiten sollten also nicht willkürlich-impulsiv und damit unberechenbar praktiziert werden.

Die folgenden Arbeitsschritte sind dabei unverzichtbar:

1. Planung   In dieser Phase der Gruppenaktivität müssen zunächst die angestrebten Ziele formuliert werden.

Danach sind die Grundsätze und Richtlinien festzulegen, an denen die spätere Aktivität ausgerichtet wird.

Sodann werden Arbeits- und Zeitpläne aufgestellt und die Arbeitsmethoden, die zum Einsatz kommen sollen, bestimmt. Zum Schluss muss schließlich entschieden werden, welche sächlichen und personellen Ressourcen zur Verfügung stehen oder noch beschafft werden müssen.

<u>2. Organisation</u>	In der Phase der Organisation werden zunächst operationalisierbare Detailziele für jeden Arbeitsschritt fixiert. Alle anstehenden Aufgaben müssen bestimmten Personen verbindlich zugeordnet werden. Ferner ist zu klären, welche Kooperationen nützlicherweise eingegangen werden sollten.
<u>3. Leitung</u>	Im Rahmen der konkreten Durchführung muss die Leitung die Initiative ergreifen und die notwendigen Entscheidungen fällen. Außerdem hat sie für funktionierende Informations- und Kommunikationsabläufe zu sorgen.
<u>4. Kontrolle</u>	In dieser Phase muss die Ausführung übertragener Aufgaben kontrolliert und der jeweilige Erfolg beurteilt werden. Hierzu werden zunächst die Ergebnisse erfasst und ausgewertet. Schließlich werden – wenn nötig – Korrekturen angebracht.

Also, das habe ich ja nun schon häufig genug erlebt: Du bis vielleicht gerade umgezogen, kennst dort kaum jemanden und kommst in eine neue Sportgruppe oder in einen für dich vielleicht neuen, ansonsten aber sehr traditionsbewussten Taubenzüchterverein. Du agierst und argumentierst zunächst zurückhaltend, weil du die hier geltenden Regeln und Normen und vor allem aber die Menschen noch nicht näher kennst. Solange du dich defensiv verhältst, gibt es kaum Konfliktstoff. Bald aber fängst du an, die Gruppenregeln zu durchschauen.

Zufällig hast du erfahren, dass der Kassierer Clubgelder für eigene Zwecke verwendet. Das ist für dich unakzeptabel. Welche Möglichkeiten hast du jetzt?

Erstens: Du schweigst, hast weiterhin keine sozialen Probleme, aber ein ganz schlechtes Gefühl. Eins deiner Grundprinzipien gilt hier offensichtlich nicht mehr. Das macht nicht glücklich. Gruppen sind aber nicht dazu da, Unglück zu verbreiten.

Zweitens: Du zeigst den Kassierer an, musst deine Anschuldigung beweisen und polarisierst die Mitgliedschaft. Du bist ein rechtschaffener Unruhestifter. Auch dies aber ist eine zwiespältige Befindlichkeit.

Drittens: Du resignierst, willst dich aber nicht mitschuldig machen und trittst aus dem Verein aus. Damit ist zwar das Sachproblem nicht gelöst, aber es ist jetzt nicht mehr dein Problem.

Viertens: Du kandidierst bei der nächsten Jahreshauptversammlung für ein Vorstandsamt, wirst gewählt und bekommst eine Menge ehrenamtlicher Arbeit. Aber du hast ein gutes Gewissen und wieder Spaß am Vereinsleben.

Tja, liebes Individuum, nun musst du dich entscheiden! Das fällt dir vielleicht schwer, ist aber unumgänglich. Abwarten bringt nichts und Herausreden gilt nicht!

Informationen sind in Signalform transportfähig gemachte Inhalte und die gilt es von einem Individuum zum anderen zu übertragen. Sonst läuft gar nichts.

Hierbei kann uns das Regelkreismodell im Rahmen der Informationstheorie und der Kybernetik als interfakultative Formalwissenschaften gute Dienste leisten. Gerade weil die Kategorien der Nachrichtentechnik und der Kybernetik rein formaler Art sind, eignet sich das Modell des offenen Regelkreises in besonderer Weise zur Veranschaulichung von prozesshaften Geschehnissen und Abläufen aller Art. Wir brauchen also nicht für jedes neu auftauchende Problem eine neue Theorie.

Die Gegenüberstellung von Ist- und Sollwert fördert in aller Regel eine Diskrepanz zwischen diesen beiden Positionen zu Tage. Im Sollwert spiegelt sich die von religiösen, politischen, pädagogischen, gesellschaftlichen, philosophischen und anthropologischen Vorstellungen geprägte, sich wandelnde Idee; der Istwert beschreibt den hiervon tatsächlich verwirklichten Teil.

Nur ein offener Regelkreis garantiert dadurch seine Variabilität und Überlebensfähigkeit als System auf Dauer. Diese Konstellation führt notwendigerweise zur Etablierung einer Regelungsinstanz, die den Sollwert inhaltlich definiert, eine Soll-Ist-Wert-Entsprechung kontrolliert und gegebenenfalls den Ausgleichsprozess zwischen dem Ist- und dem Sollwert durch den gezielten Einsatz von Steuerungsimpulsen initiiert.

Solche Steuerungsimpulse können z. B. neue Sachinformationen, Sanktionsankündigungen (für den Fall von Zuwiderhandlungen) oder auch faktische Beeinflussungen sein.

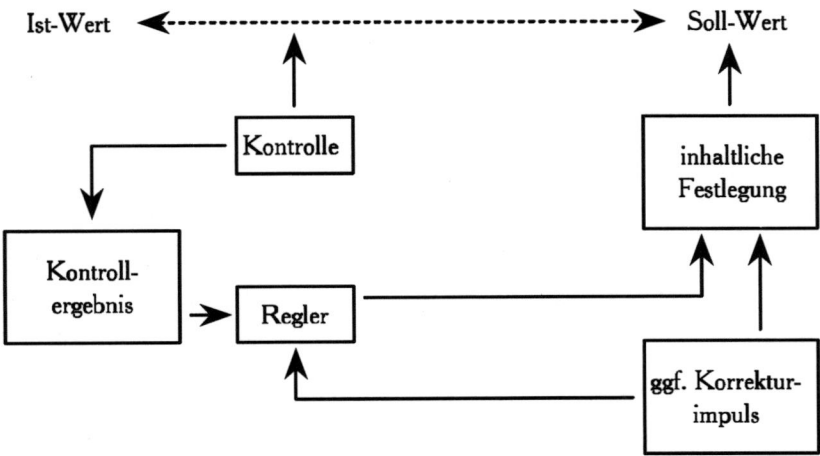

Da es sich hierbei nicht um eine statische Zustandsbeschreibung, sondern um die Darstellung von dynamischen Abläufen handelt, muss der Regelungsprozess durch die zuständige Instanz permanent in Kraft und Funktion gehalten werden. Das zur Verfügung stehende Assimilierungspotenzial ist dabei voll auszuschöpfen, wenn nicht Regelungschancen grundlos ›verschenkt‹ werden sollen.

Ziel der Anpassung ist aber auch das Erreichen einer jeweils neu gewonnenen Systemstabilität, damit die der Modellvorstellung des offenen Regelkreises immanente Orientierungsfunktion in die notwendigen, sozial-integrativen und friedensstiftenden Orientierungsleistungen aller an diesen Prozessen Beteiligten überführt werden können.

Der entscheidende Steuerungsimpuls im Verfahren der Angleichung von Ist und Soll besteht in der negativen Rückkopplung, der ausgleichenden Gegensteuerung. Diese führt zur Stabilisierung der jeweiligen Lage, im Gegensatz zur positiven Rückkopplung, die in eine Verstärkung des Nicht-Gewollten, der Diskrepanz zwischen Soll und Ist, mündet. Kontinuität und Geschwindigkeit der Rückkopplung bestimmen die Qualität der Kommunikationsprozesse. Nur so können Menschen auf Dauer friedlich zusammenleben. Eigentlich ganz einfach!

Regelung bedeutet immer: Intervention in Geschehnisse zu einem bestimmten oder unbestimmten Zweck zu einem bestimmten Zeitpunkt. Natürlich sind solche Eingriffe jeweils zu begründen. Geschieht dies nicht, sind sie willkürlich und daher zutiefst unanständig.

Jeder kennt das: Ein bis in manche heutigen Elternhäuser gängiger Spruch war und ist: ›Nicht für die Schule, sondern für das Leben lernen wir.‹ Eine pädagogisch ungeschicktere und motivationshemmendere Handlungsanweisung als diese ist kaum denkbar.

Woher sollen wir junge Menschen denn die Energie nehmen, für etwas zu lernen, was wir gar nicht kennen können? Den Lebens- und Erfahrungsraum ›Schule‹ mit seinen konkreten und anschaulichen Leit- oder auch Aggressionsfiguren, den Lehrerinnen und Lehrern nämlich, kennt jeder; dafür (oder auch dagegen) würde es sich ja noch lohnen, aktiv zu werden. Aber für ›das Leben‹? Viel zu abstrakt! Was soll das sein, wann und wo findet denn das statt? Was habe ich davon?

So kommt es schließlich zu all jenen Erscheinungen, unter denen viele von uns heute noch (und schon wieder) leiden: soziale Isolation, Kontaktarmut, Identitätskrise, Angst, Entfremdung, Leistungsschwäche und Verweigerungsverhalten aller Art.

Ehre, Tradition, Gehorsam, Vaterland und andere historisch überlieferte Sinnträger und Sinnvermittler sind als Handlungskoordinaten historisch-politisch weitgehend diskreditiert. Orientierungen an überkommenen Werten verschaffen in den meisten Fällen weder innere (psychische) noch äußere (materielle) Stabilität.

Früher galt: Den Belehrungen der Außenwelt Folge zu leisten bedeutete, verantwortlich zu handeln. Die Erlebnisräume waren dementsprechend knapp bemessen. Das wurde natürlich als Einschränkung empfunden.

Was aber haben wir an die Stelle dessen gesetzt? Wir eroberten uns in allen Lebensbereichen Autonomierechte und Selbstbestimmungsbereiche. Freiheiten bis hin zur absoluten Beliebigkeitsgrenze. Und was machen wir jetzt damit? Dass mit diesen neuen Freiheiten aber auch neue Verantwortlichkeiten einhergehen, wird als lästig empfunden oder oft ganz verdrängt. Ratlosigkeit allerorten!

Also, ich sehe das schon, letztlich muss ich mir meinen Weg dann wohl doch selbst suchen. Offenbar gibt es Freiheiten von irgendetwas und solche für irgendetwas. Und wenn ich aus dieser Konstellation einen positiven Lebensentwurf entwickeln soll, dann werde ich mich wohl entscheiden müssen. Will ich lebenslang über das Böse und Schlechte, über das Unglück und über die Sünde lamentieren?

Oder will ich mich über die Schönheit der Schöpfung, den guten Willen von guten Menschen, meine persönlichen Erfolge oder andere angenehme Sachen freuen? Natürlich entschied ich mich frühzeitig für die egoistische Variante, schließlich wollte ich glücklich werden. Und das heißt: genießen können. Genuss mit gebremstem Schaum, mit eingebautem schlechtem Gewissen, das geht nicht.

Ich entschloss mich also zu einer gigantischen Selektionsleistung, die auf den ersten Blick elitär erscheint, die aber unumgänglich ist, wenn man vom ›man‹ zum ›ich‹ kommen will. Ich ließ also das Uninteressante uninteressant bleiben, ich missionierte nur noch bei kalkulierbaren Erfolgsaussichten, ich erlaubte mir, Unsinn, dort,

wo ich ihn wahrnahm, als solchen zu bezeichnen, und ich lebte von
innen nach außen, nicht umgekehrt; mit einem Wort: Ich wurde,
wenn auch ganz, ganz langsam, erwachsen; schon jetzt. Das war
zwar nicht immer einfach, machte aber Spaß. Erfolg ist geil!

Eigentlich sollten wir jetzt nur noch klären, wie es dazu gekommen ist, dass die allermeisten von uns heute in ziemlich kleinen Zwei-Generationen-Familien, in denen es außer Eltern und Kindern eigentlich nicht mehr viel gibt, aufwachsen. Denn das war ja nun früher einmal völlig anders.

Seit die Soziologie sich die Analyse der Gesamtgesellschaft zum Thema erkoren hat, geht sie von einer grobrastrigen Dreiteilung aus.

Danach ist der ›Primäre Sektor‹, das Fundament einer jeden sich entwickelnden Gesellschaft, die Landwirtschaft, die die Versorgung der Menschen mit Arbeit und Nahrungsmitteln gewährleistet. Die Menschen wohnten auf dem bäuerlichen Hof. Arbeitsstätte und Wohnung sind noch eine Einheit.

Im Zuge der Technisierung, das heißt der Anwendung naturwissenschaftlicher Erkenntnisse und Entwicklungen, kommt es zur Dominanz des ›Sekundären Sektors‹, der Industrie. Die Arbeit wird schon aus technischen Gründen weitgehend nicht mehr dort verrichtet, wo die Menschen wohnen.

Sobald diese beiden Bereiche die Grenzen der Voll- und Überversorgung erreicht hatten, tritt der ›Tertiäre Sektor‹ in den Vordergrund. In diesem Bereich wird nichts Materielles mehr produziert, hier wird verwaltet und hier werden Dienstleistungen angeboten und verrichtet.

Historisch gesehen sind für diesen Wandel hauptsächlich die folgenden Gründe verantwortlich.

Erstens: <u>Die Industrialisierung</u>

Die naturwissenschaftlich-technischen Entwicklungen in allen Lebensbereichen führen seit dem ausgehenden 18. Jahrhundert zur Zentralisierung der Produktion in Fabriken mit ihren Kraft und Arbeit sparenden Maschinen (insbesondere in der Textilindustrie, dem Bergbau und der Metallverarbeitung). Je nach Branche unterschiedlich schnell und intensiv durchlief die Entwicklung folgende Etappen: Handwerk – Heimwerk – Verlag – Manufaktur – Fabrik – Industrie.

Parallel dazu entwickelte sich ein modernes Transport- und Verkehrswesen mit Eisenbahnen, Dampfschiffen und Kraftfahrzeugen.

Zweitens: <u>Die Verstädterung und die Landflucht</u>

Nun passierte zweierlei: Zum einen wurden in der Industrie viele Arbeitskräfte benötigt. Die dort entstandenen Arbeitsplätze konnten eigentlich nur von den vom Lande kommenden arbeitsfähigen Männern (erst später auch Frauen) besetzt werden. Aufgrund der großen Nachfrage arbeiteten zeitweise auch viele Kinder zu Hungerlöhnen in den Fabriken. Gesetzliche Vorschriften, die dies unterbunden hätten, gab es erst viel später.

Parallel dazu durchlebten die Betroffenen drei Stufen der Entfremdung: Entfremdung vom Arbeitsprodukt – Entfremdung vom Arbeitsprozess – Entfremdung von sich selbst.

Drittens: <u>Die Erbteilungen auf dem Lande</u>

In manchen Regionen Europas galt auf dem Lande die Regel, dass das landwirtschaftliche Erbe auf den ältesten Sohn überging. So wurden die Höfe in einer effektiven Größenordnung erhalten und die Versorgung der nächsten Generation war normalerweise gewährleistet. Die Brüder des männlichen Erben mussten den Hof verlassen, wenn sie nicht dort als Knecht arbeiten wollten.

In anderen Fällen wurde das Erbe unter den Söhnen aufgeteilt, was natürlich schnell zu einer Zersplitterung der Höfe führte, sodass die verbliebenen Familien sehr bald in wirtschaftliche Not gerieten.

Beide Gründe trieben viele junge Männer in die Städte, um sich Arbeit zu suchen und ihre Familien ernähren zu können. Dieses

Überangebot an Arbeitskräften ließ das Lohnniveau bis an die Grenze des Existenzminimums sinken und führte letztlich zur Verelendung großer Bevölkerungsteile.

Erst viel später wurden mit der Einführung verschiedener sozialer Sicherungsgesetze Gegenmaßnahmen eingeleitet. Unter Bismarck wurde 1883 die gesetzliche Krankenversicherung eingeführt. Ein Jahr danach folgte die Unfallversicherung und später die Arbeitslosenversicherung (1927) und alle weiteren einschlägigen Regelungen.

Innenwelt und Außenwelt: Schule

> Die englische Schulausbildung ist die beste der
> Welt – falls man sie überlebt.
> *Peter Ustinov*

*Heute ist vielleicht was los. Mein erster Schultag! Alles, was Rang
und Namen hat, ist da: Eltern, Großeltern, Taufpaten und die ganze
Verwandtschaft, die man sonst nie sieht – und auch ein paar Lehrer.
Die Letzteren sehen aber auch aus wie normale Menschen. Ich glaub,
die Schule wird ganz interessant. Nichts gegen den Stuhlkreis, aber
der Kindergarten wurde zum Schluss doch ein bisschen ätzend, das
heißt: langweilig, weil sich letztlich alles immer wiederholt hat.*

*Na gut, dann beginnt jetzt wohl das, was die Großen immer den
Ernst des Lebens nennen. Jetzt sollen anscheinend Regelmäßigkeit,
Pflicht, Routine, Sauberkeit und Ordnung in mein Leben kommen;
wieder so ein Schritt in Richtung Erwachsenenwelt.*

*Also, ich bin einverstanden: Wenn euch so viel daran liegt, dann
gehe ich eben jetzt zur Schule – und zwar täglich. Aber so richtig
ernst nehmen kann ich das Ganze hier auch noch nicht. Meine
Lehrerin ist ja ganz nett. Sie sieht genauso aus, wie man sich eine
Lehrerin vorstellt. Angeblich ist sie so alt wie meine Mama, sieht
aber zehn Jahre älter aus. Das ist bei Lehrerinnen so. Scheint auch
wieder so ein Naturgesetz zu sein. Oder ist das wieder nur eines meiner Vorurteile? Egal, Hauptsache, es ist so.*

*Schule ist komisch. Ich dachte, jetzt geht der Leistungsstress los
– tut er aber nicht – noch nicht! Vielleicht sollte ich das Ganze als
eine Art Abenteuer nehmen; bei Abenteuern weiß man ja nie, wie sie
enden.*

Bislang hatte unser Freund weitgehend das getan, was ihm Spaß gemacht hat. Er lebte in ›seiner‹ Welt. Dies wurde nun langsam anders. Pflicht, Pünktlichkeit, Gehorsam, Sauberkeit und all die anderen im Grunde zutiefst unkindlichen, aber sehr bürgerlichen Werte und Normen (so genannte Tugenden) werden zu neuen Leitlinien des Verhaltens. Und damit geht die Zeit des spielerischen Lernens so langsam ihrem Ende entgegen; schade? Neben seine Innenwelt tritt nun die Außenwelt, die nicht mehr von ihm selbst gemanagt wird. So wird er zum ›Wanderer zwischen den Welten‹ und das ist nicht immer so ganz einfach.

In der Schule muss man ja wirklich viele Dinge tun, die eigentlich gar keinen Spaß machen. Besonders solche, die man gar nicht kann, Leistungsfähigkeit und ›Lustprinzip‹ driften immer weiter auseinander. Dieser Begriff wurde zwar erst später von Herbert Marcuse populär gemacht, unseren Freund ereilte die entsprechende Erfahrung jedoch schon viel früher. Der ›Eindimensionale Mensch‹ der modernen Industriegesellschaft lebte danach in einer Welt, die als Ganzes irrational, also unvernünftig ist.

Aber schon bald hatte das ›Realitätsprinzip‹ unseren Freund eingeholt.

Im Laufe der Zeit entwickelte sich mein ›Abenteuer Schule‹ dann doch nicht so kuschelig, wie es am Anfang aussah. Nach vier Jahren Grundschule öffnete das Gymnasium mir seine Tore. Und ich wurde hineingeschoben. Meine ganz persönliche ›heile Welt‹ bekam immer mehr Risse und Sprünge. Ich fühlte mich nicht nur fremdbestimmt, ich war es auch.

Man hatte mir von Anfang an beigebracht, das Gymnasium als eine hochrangige Bildungseinrichtung anzusehen; ich jedoch kam immer mehr zu dem Schluss, es handelte sich weniger um eine Anstalt der Bildung als um eine Anstalt der Einbildung. Plötzlich war ich von lauter Profilneurotikern umgeben: Eltern, Lehrer, auch Mitschüler.

Schon sehr bald lernte ich den wichtigen Unterschied zwischen Sach- und Formalautorität kennen. Je weniger von Ersterer gegeben war, umso mehr wurde der zweite Typus eingesetzt. Mangelnde

Sachautorität wurde regelmäßig durch ins Irrationale gesteigerte Formalautorität überkompensiert. Das bedeutete für mich: Mit solchen Leuten konnte ich nicht vernünftig reden. Wie sollte ich hier zu einer autonomen Persönlichkeit werden?

Das alles klingt komplizierter, als es ist. Eigentlich braucht man nur eine solide Dosis gesunden Menschenverstand, aber selbst der konnte einem hier verloren gehen, wenn man nicht aufpasste. Also passte ich auf.

Man brachte ihm bei, dass das Nachdenken über ›Gott und die Welt‹ eine wichtige und wertvolle Beschäftigung sei. Er argumentierte schon früh dagegen: Wäre es denn nicht viel sinnvoller, weniger nach- als vielmehr vorzudenken. Viel Unheil hätte doch so verhindert werden können. Als Beispiel führte er hier die Kreuzzüge und andere katastrophale Betriebsunfälle der menschlichen Geschichte an.

Aber damit trat er natürlich von einem Fettnapf in den anderen. In der Schule jedenfalls war das große Nachdenken angesagt, Vordenker störten da nur, auch wenn das Vordenken zum Zwecke der Gefahrenabwehr viel geeigneter ist. Das hat unser Freund zeit seines Lebens nicht verstanden.

Und wieder einmal hatte ich ein Erlebnis der besonderen Art, diesmal eines, auf das ich auch gerne hätte verzichten können; ein Schlüsselerlebnis war es allemal. Aber man kann es sich ja nicht immer frei aussuchen. Natürlich hat mich wieder einmal niemand gefragt, ob ich das eigentlich wolle, aber eines Tages hatte ich beispielsweise zu lernen, dass die Wurzel aus 49 wohl 7 sei. Ich registrierte und speicherte die korrekte Antwort, erlaubte mir dann aber vorwitzigerweise noch die abschließende Frage: warum? Warum ist die Wurzel aus 49 denn 7?

Das hätte ich nicht tun sollen! Denn nun bekam ich alle Varianten der formalen Schulautorität zu spüren. Wir sollten gefälligst Fakten lernen, nicht nach Begründungen fragen. Die Stimme des zuständigen Fachlehrers wurde mit einem Mal doppelt so laut wie normal und mehrere Nuancen schärfer; mit solchen Fragen wolle ich doch wohl nur seinen Unterricht boykottieren und seine

*Autorität untergraben, aus welchem Elternhaus ich denn überhaupt
käme und was das alles eigentlich solle. Im Klassenbuch fand sich
später die Notiz: ›... er stört zum wiederholten Male den Unterricht
und verhält sich unsozial‹.*

*Früher hatte es einmal geheißen: Es gibt keine dummen Fragen,
höchstens dumme Antworten. Dieses wage ich jedoch seit dieser Zeit
massiv zu bezweifeln.*

Nun hatte er es also amtlich. Wer das wirklich Wichtige wissen will,
begibt sich selbst außerhalb der vom System vorgegebenen Grenzen und Strukturen. Was hatte er denn eigentlich verbrochen? Die
Definitionsmacht des Lehrers und dessen Wissenschaft sagten ihm:
Die Wurzel aus 49 ist 7. Nun gut, damit war er ja durchaus einverstanden bzw. es war ihm eigentlich völlig egal. Aber niemand
erklärte ihm, warum das so zu sein hatte.

Nun stand er da, wo er hingehörte: im Abseits. Also versagte er
sich Fundamentalfragen dieser Art für den Rest seiner Schulkarriere in allen Fächern; schade eigentlich, es hätte so schön spannend und anregend werden können.

Sein vorherrschender Eindruck war der der Sinnlosigkeit, seine
gesamte Motivation wurde damit im Verlaufe seiner Schulkarriere
zerstört. Und, was das Schlimmste war: Er verlor auch die ihm bisher immer eigene Neugier, er war nicht mehr neugierig, auf nichts.
Das war das Übelste, was ihm passieren konnte. Der psychische
Druck, der auf ihm lastete, wurde mit der Zeit unerträglich.

Dass er hierauf mit Leistungsverweigerung reagierte, war nur
folgerichtig. Schule als Qual? Schule als permanenter Psycho-
keller? So war das doch eigentlich nicht gemeint, oder? Wer hat
denn hier was falsch gemacht? Ziemlich traurig das Ganze!

*Muss eigentlich immer alles so sein, wie es ist? Dies ist wahrschein-
lich die soziologischste Frage, die ich mir stellen kann. Für einen
eher mittelmäßigen Schüler eine recht vorwitzige Frage. Aber wenn
die Frage nun schon einmal im Raum steht, dann sollte sie auch beantwortet werden. Und die Antwort scheint mir eindeutig: Natürlich
nicht! Zu allen Zeiten schon haben kluge Köpfe wunderbare Alternativen zu dem, was wirklich war, entwickelt. Ein Beispiel gefällig?*

Haben Sie einen Moment Zeit? Bitte sehr, wir sind im ersten Viertel des 17. Jahrhunderts:

Vor 380 Jahren, im Jahre 1624 also, verfasst der damals dreiundsechzigjährige Francis Bacon jene Schrift, die als erste zusammenhängende Utopie der wissenschaftlichen Forschung bezeichnet werden kann: ›Nova Atlantis‹. Sie stellt den Entwurf eines vollkommenen Staatswesens dar, dessen Bestand und Zukunft durch eine ganz neue Art der Wissenschaft und der stetig wachsenden Zahl und Qualität ihrer pragmatisch und programmatisch anwendbaren Ergebnisse gewährleistet wird; ein unbändiger Fortschrittsglaube beherrscht die Szene.

In ›Nova Atlantis‹ gibt Bacon in der Form eines Reiseberichtes die Erlebnisse und Erfahrungen einer Gruppe von Fremden wieder, die diese bei ihrer ungeplanten Landung und ihrem Aufenthalt auf der im Stillen Ozean gelegenen Insel Bensalem sammeln.

Form und Aufbau dieses Berichtes legen die Vermutung nahe, dass Bacon mit dieser Vision eines von der Außenwelt weitgehend isolierten und in sich harmonischen Gemeinwesens an das über einhundert Jahre zuvor erschienene Werk des 1535 hingerichteten Thomas Morus anknüpfen wollte, das der gesamten Gattung der utopischen Staatsromane ihren Namen gab: ›Utopia‹.

Das geographische und technische Zentrum der Insel Bensalem bildet das ›Haus Salomons‹, welches sich als ein mit den modernsten wissenschaftlichen Methoden arbeitendes Forschungsinstitut darstellt. Hier werden alle verfügbaren wissenschaftlichtechnischen Daten und Erkenntnisse gesammelt und weiterentwickelt: ein gigantisches, perfekt arbeitendes wissenschaftliches Forschungszentrum.

Hier wird jenes Wissen erarbeitet, das nach Bacons Ansicht darum Macht verleiht, weil es den Menschen in die Lage versetzt, die Natur in immer vollkommenerer Weise zu beherrschen und seine eigenen gesellschaftlichen Verhältnisse zu organisieren.

In ›Nova Atlantis‹ werden gesellschaftlich relevante Entscheidungen demzufolge nicht mehr in der Form autonomer politischer Willensakte gefällt; sie ergeben sich vielmehr logisch zwingend direkt aus den Ergebnissen jener Arbeiten, die von der technisch-wissenschaftlichen Elite im ›Hause Salomons‹ geleistet werden.

Da alles das Gemeinwesen betreffende und bestimmende Entscheidungen weder öffentlich diskutiert noch in ihrer Gültigkeit in Frage gestellt werden, ist in ›Nova Atlantis‹ ein politischer Entscheidungsprozess nicht mehr festzustellen. Politische Entscheidungen sind immer nur dort gefordert, wo es gilt, zwischen vorhandenen Möglichkeiten eine begründete Auswahl zu treffen. In ›Nova Atlantis‹ jedoch, einer ›Gesellschaft ohne Alternativen‹, wird Politisches prinzipiell durch bürokratisch bzw. technokratisch vorgeformte Rationalismen abgelöst.

Diese verstandesmäßigen Entscheidungen, bei denen sich der Geist als Beherrscher der Materie darstellt, kann und will sich praktisch kein Mitglied des Inselstaates entziehen: Alle sind sich einig; und wer sich nicht einig ist, wird einig gemacht: gesamtgesellschaftlicher Totalkonsens mit allen Aspekten einer totalitären und zentralistischen Ordnung.

Folgerichtig weist das Leben auf der Insel Bensalem keinerlei spektakuläre Höhepunkte auf. Es gibt weder soziale Außenseiter noch gibt es Ereignisse, die die Einwohner ihres inneren Gleichgewichtes berauben könnten; selbst die unvorhersehbare Ankunft der Fremdlinge vermag keine große Aufregung zu verursachen. Die Organisation auf der Insel wird in kürzester Zeit auch mit diesem außergewöhnlichen Ereignis fertig.

Die Philosophie war für Bacon bis zu seiner Zeit zwar eloquent, aber uneffektiv; somit war sie auch nicht in der Lage, die eigentliche Aufgabe der Wissenschaft zu erfüllen, nämlich: den Menschen ›frei‹ zu machen.

Bacon hat mit den ›utopischen Frühsozialisten‹ zahlreiche Nachfolger im Geiste gehabt, u. a.: Charles Fourier (1772 – 1837), den ›Träumer des 19. Jahrhunderts‹ und Etienne Cabet (1788 – 1856) in Frankreich, Robert Owen (1771 – 1858) in England sowie Wilhelm Weitling (1808 – 1871) in Deutschland.

Warum ich Ihnen das alles erzähle? Weil man erst an solchen Beispielen merkt, wie wichtig es ist, immer wieder die ausgelatschten Denkwege, auf denen wir tagtäglich alle hinterein-

ander herlaufen, zu verlassen, um das Neue, das Ungewohnte zu denken.

Soziologie heißt auch: Denken in Alternativen. Davon brauchen wir heute mehr denn je! Frage: Was sollen wir denn analysieren? Antwort: das Ganze! Wonach sollen wir denn suchen? Antwort: nach dem ganz Anderen!

Zum Ende der elften Klasse stand die obligatorische Prüfung zur Erlangung des ›Großen Latinums‹ an. Viele Jahre des Lernens einer Sprache, die kein Mensch spricht, sollten endlich zu Ende gehen. Oft hatten kompetente Fachleute versucht, unserem Freund die absolute Unverzichtbarkeit dieses Unterfangens zu vermitteln; deren Argumente hatten ihn jedoch – aus welchen Gründen auch immer – nie wirklich erreicht.

Eigentlich hätte unser Freund nun das Licht am Ende des Tunnels sehen müssen. Er hatte sich mit mannigfaltigen Tricks und Kniffen bis zu diesem Punkt durchgekämpft, doch nun kam die Stunde der Wahrheit, und alle, Lehrer, Mitschüler und er selbst, wussten, dass er im Grunde chancenlos war.

Und in dieser Situation hatte er eines jener seltenen, aber wichtigen ›Schlüsselerlebnisse‹ die jeder Mensch im Verlaufe seines Lebens hat und die – bewusst oder unbewusst – wesentliche Grundeinstellungen für seine spätere Entwicklung prägen.

Mein kurz vor seiner Pensionierung stehender Lateinlehrer, der über viele Jahre keine Gelegenheit ausgelassen hatte, mir immer wieder meine bemitleidenswerte Unfähigkeit sowie die Hoffnungslosigkeit meines gesamten Falles vorzuführen, zitierte mich einige Wochen vor der entscheidenden Prüfung zu sich.

Er monologisierte lange vor sich hin und zum Ende seiner quälenden Ausführungen kam er zu folgendem Schluss: »Du hast das Lateinische nie erlernt und du wirst das Lateinische auch nie erlernen. Das ist nun mal so! Das weiß ich und das weißt du. Aber ich frage mich, ob das auch der Rest der Welt unbedingt wissen muss. Zwar kann ich mir nicht vorstellen, wie du ohne das Lateinische durchs Leben kommen willst, aber ich muss mir da jetzt etwas einfallen lassen.

Ich mach das aber nicht deinetwegen, sondern nur, weil mir deine Eltern so Leid tun. Du lernst jetzt die ersten fünf Seiten eines Cicero-Textes, den ich dir gebe, auswendig und den trägst du dann in der Prüfung ganz langsam vor, ganz langsam, damit die Zeit vergeht. Du musst gar nicht wissen, was du da vorträgst, ich frage dich weder nach der Übersetzung noch nach irgendetwas sonst.

Du kriegst dann eine vier minus mit der Tendenz nach unten, die wird dann aufgerundet zu einem ›ausreichend‹.

Aber sprich langsam und blamier mich nicht! In der Zeit, die du dadurch einsparst, nichts mehr für das Fach ›Latein‹ lernen zu müssen, lernst du lieber Mathematik, denn das kannst du ja auch nicht, wie mir der Kollege gesagt hat.«

Der Mann hatte es gut. Er muss wohl schon zu Beginn seiner grandiosen Pädagogenkarriere einmal so etwas wie eine Generalabsolution für früher gemachte und noch zu machende Fehler erhalten haben – schulpädagogischer Ablasshandel im ausgehenden 20. Jahrhundert, oder so ähnlich. Selbstkritik war seine Sache bestimmt nicht. Er hatte ein Weltbild, das auf einer Briefmarke Platz gehabt hätte: wie das von John Wayne. Unglaublich simpel und rein dualistisch nach dem Motto: Wer nicht für mich ist, ist gegen mich und die Welt besteht aus Guten und Bösen; und wer zu welcher Gruppe gehört, entscheide ich, basta!

Da ich mich aber zu der Zeit in einem Zustand totaler Abhängigkeit von ihm befand, hielt ich den Mund. Ich fand das klug und das war es wohl auch.

Nach seinem gigantischen Monolog durfte ich abtreten. Auf dem Nachhauseweg versuchte ich das Erlebte erst einmal neu einzuordnen, weil es zu meinen bisherigen Erfahrungen zum gleichen Thema so gar nicht zu passen schien. Bisher hatte mich der Mann nur gequält, doch nun wollte er mich offenbar retten und ging dabei bis an die Grenze seines legalen Handlungsspielraums, vielleicht sogar darüber hinaus. Dafür hätte ich ihn beinahe lieben können, zumindest war ich ihm sehr dankbar.

Später, viel später, wurde mir das Ganze klarer. Natürlich waren die strategischen Überlegungen meines Lateinlehrers im Grunde keineswegs so menschenfreundlich, wie dies auf den ersten Blick aussieht. Wäre für den Fall meines Versagens – und es wäre ein grandioses Versagen geworden – nicht ein Großteil der Schmach auf ihn gefallen, hatte er es doch viele Schuljahre hindurch nicht vermocht, mir auch nur den kleinsten Motivationsschub in Richtung des Lateinischen zu geben, von Grammatik- und Vokabelkenntnissen ganz zu schweigen.

Der Altruismus meines Lehrers war also in Wirklichkeit nichts weiter als ein in schönes Geschenkpapier eingewickelter Egoismus. Da kann ich Egon Friedell, dem Kulturhistoriker, nur zustimmen: ›Es gibt flache und tiefe Egoisten. Die Letzteren nennt man Altruisten.‹ Aber mir sollte es recht sein.

In meinem weiteren Leben habe ich den so erworbenen Kompetenznachweis im Bereich der lateinischen Sprache und der dazugehörigen Denkwelt natürlich nie wieder benutzt: psychische Verdrängung auf der ganzen Linie. Auch dies war eine kluge Entscheidung!

Wie konnte nur jemand, der solch kluge Entscheidungen fällte, ein so schlechter Schüler sein? Oder traf die Schule hierbei vielleicht auch zumindest eine Mitschuld?

Die historische Erfahrung lehrt: Immer dann, wenn andere gesellschaftliche Einrichtungen nicht mehr das leisten, was von ihnen erwartet wird, wird auf die Schule verwiesen. Sie soll Informationsweitergabe, Wertevermittlung, Persönlichkeitsbildung und das Einüben sozialer Verhaltensweisen garantieren, also das volle Programm gelingender Sozialisationsleistungen. Vielleicht ist das ja auch ein wenig zu viel verlangt. Vielleicht kann sie das ja gar nicht. Schule besteht schließlich auch nur aus Gebäuden, Vorschriften und Leuten; und zwar – leider – in dieser Reihenfolge.

Die Soziologie legt ja üblicherweise viel Wert auf die ganzheitliche Perspektive. Umso erstaunlicher ist es, dass die meisten klugen Menschen, die mir bisher begegnet sind, vornehmlich aus Geist bestehen. Im intellektuellen Bereich sind sie oft auch wahre Leistungsträger. Das Körperliche wird jedoch regelmäßig vernachlässigt und so gut wie nie zur Beurteilung der Gesamtpersönlichkeit heran-

gezogen. Was mich aber nachdenklich macht: Der umgekehrte Fall genießt ein weit geringeres Ansehen: Von Menschen, die sich primär um ihren Körper kümmern (Hochleistungssportler, Bodybuilder, Models) würde man geistige Höhenflüge kaum erwarten.

Ist der Mensch nun primär Geist in einer zu vernachlässigenden Körperhülle oder ist er ein biologischer Organismus, der, evolutionsbedingt, denken kann? Auf derart schwierige Fragen wird jetzt sicher noch niemand eine abschließende Antwort erwarten. Aber fragen kann man ja schon mal, oder?

Ich und die anderen: Freunde

Wenn wir einzeln träumen, bleibt der Traum ein
Traum, wenn wir gemeinsam träumen, ist das
der Beginn einer neuen Wirklichkeit.

Peergroups sind überwiegend selbst gewählte Bezugsgruppen,
deren Mitglieder sich an gemeinsamen normativen Maßstäben und
Verhaltenserwartungen orientieren. Peergroups haben eine große
Bedeutung für den Ablöseprozess Jugendlicher aus ihren Ur-
sprungsfamilien. Die diesbezügliche Forschung geht zurzeit davon
aus, dass sich das Entwicklungspotenzial eines Kindes zur einen
Hälfte aus Veranlagungen (50 % Genstruktur) und zur anderen
Hälfte aus Einflüssen des direkten sozialen Umfeldes (50 % Peer-
group-Einfluss) zusammensetzt.

So bestreitbar derartige Prozent-Zuweisungen auch sein mögen:
Elternhaus und Schule laufen Gefahr, immer unwichtiger zu werden.

*Was ich ganz interessant finde: Es ist nicht nur ein sehr angenehmes
Gefühl, Freunde zu haben, wenn man sie braucht; es ist mindestens
ebenso schön, Freund von jemandem zu sein, also: gebraucht zu werden. Freundschaft beruht offenbar immer auf Gegenseitigkeit,
anders funktioniert sie nicht.*

*Freunde zu haben ist also überaus wichtig. Und nun das! Wieder
einmal so ein Schlüsselerlebnis, diesmal ein Ereignis aus dem
Zyklus ›Erfahrungen, auf die ich gerne hätte verzichten können‹.*

*Scheiße, so einen Tag wie den heutigen sollte man einfach strei-
chen können. Es gibt eben doch Tage, da sollte man morgens gar
nicht erst aufstehen.*

*Eigentlich erlauben mir meine Eltern fast alles, das finde ich ja
auch ganz super. Bloß beim Rauchen verstehen sie überhaupt keinen
Spaß; ist ja schwer gesundheitsschädlich – das weiß jeder. Und ich*

habe ihnen auch immer versprochen, mit dem Rauchen gar nicht erst anzufangen, obwohl das ja ganz viele Leute in meiner Umgebung machen – gerade auch meine besten Freunde. Und heute kommt meine Mutter rein zufällig mit dem Auto dort vorbei, wo ich gerade mit meinen Leuten herlaufe, Zigarette in der Hand! Da war sie wirklich sauer. Sauer und traurig, eigentlich mehr traurig als sauer. Aber das war vielleicht noch schlimmer, als wenn sie einfach wütend gewesen wäre und mir irgendeine Strafe verpasst hätte. Ich bin manchmal eben doch noch etwas blöd. Denn dieser Ärger war eigentlich völlig unnötig. Ich könnte mich in den Hintern beißen, wenn ich könnte.

Also, so was mache ich nicht noch mal, das ist echt Mist! Und es lohnt sich auch nicht. Ich bin doch schließlich keine Kind mehr. Ich bin doch ein Jugendlicher. Das klingt wie eine Beförderung und etwas Ähnliches ist es wohl auch. Aber trotzdem sitzt man oft zwischen allen Stühlen. Manchmal weiß ich gar nicht mehr, was ich bin – na ja, jugendlich eben. Sie wissen schon: Pubertät und so, mit allem Drum und Dran.

Also habe ich mir vorgenommen, jetzt langsam wieder einmal ein Stückchen erwachsener zu werden. Man ist dann nicht mehr so abhängig von seinen Kumpels. Ich kann ja gar nicht behaupten, dass Zigaretten wirklich gut schmecken, aber man fühlt sich irgendwie erwachsener, jedenfalls dann, wenn man es noch nicht ist und wenn die anderen alle dabei sind. Man braucht doch auch Publikum zum Erwachsenwerden. Im Übrigen ist das alles ziemlich bescheuert. Denn wenn man später wirklich erwachsen geworden ist, will man ja sowieso mit dem Rauchen wieder aufhören; und das fällt vielen dann ganz schön schwer.

Nun, dieser Fall ist ziemlich klar. Die Kollision zwischen dem Werte- und Normensystem des Elternhauses und des Freundeskreises Gleichaltriger (Peergroups) wird unser Freund noch oft und drastisch erleben. Und er wird sich entscheiden müssen. Nicht immer wird er alles haben können, die Zuneigung seiner Eltern und die Solidarität seiner Freunde. Aber wie auch immer er sich entscheidet, er wird Ärger bekommen.

Ob er es weiß oder nicht: Hier beginnt die Geschichte seiner ganz persönlichen Emanzipation, er wird langsam autonom, er wird ein wirkliches Individuum. Hoffentlich kann er mit dieser ersten Form der ›Freiheit‹ das Richtige anfangen.

Er durchlebt also zurzeit eine notwendige Entwicklungsphase hin auf dem Weg zur eigenständigen Persönlichkeit. Und er wird es immer wieder feststellen: Individualität macht einsam und Autonomie verlangt persönliche Entscheidungskraft. ›Mit den Wölfen zu heulen‹ ist sicher leichter, schafft aber kein Selbstbewusstsein. Daher wird die Auswahl derer, die zum ›inner circle‹ gehören sollen, immer wichtiger. Wer falsch lebt, sieht auch verdrossen aus. Also schauen wir uns die Menschen ab jetzt doch etwas genauer an!

Und parallel zu diesem Befreiungs- und Manifestationsprozess erlebte unser Freund alle Phänomene der Pubertät, um die niemand herumkommt: Chaos auf allen Ebenen, körperlich und emotional, geistig und spirituell. Wer bitte hilft ihm denn jetzt? Wieder seine Eltern? Oder vielleicht seine Freunde? Vielleicht sollte er sie alle mal fragen.

Die Attraktivität von Peergroups ergibt sich aus dem Solidarisierungseffekt im Rahmen von Gruppenerfahrungen und der Freiwilligkeit des Dazugehörens. Eltern dagegen sind eben nicht frei wählbar, Eltern bekommt man zugeteilt, Eltern sind Schicksal. Da muss man auch mal ein bisschen auf sein Glück vertrauen. Es geht um die Erprobung der eigenen Persönlichkeit und um individuelle und kollektive Grenzüberschreitungen. Diese sind notwendig und hilfreich beim Prozess des Größerwerdens.

Insbesondere die 14. Shell-Jugendstudie ›Jugend 2002‹ hat gezeigt, dass jugendliche Lebensentwürfe nicht mehr die Gestalt subkultureller Visionen annehmen, sondern viel pragmatischer auf konkrete Abgrenzung von der Erwachsenenwelt ausgerichtet sind und dass in ihnen für längerfristige Verpflichtungen und Verbindlichkeiten kein Platz mehr ist. Eltern und Lehrer taugen eben kaum mehr als Idole. Aus der elterlichen Wohnung wird eine Art Hotel, ein bequemer und preiswerter Ort zum Essen, Telefonieren, E-Mails-Schreiben und Übernachten, viel mehr oft nicht.

Dies gilt besonders für individuelle und soziale Schönwetter-Perioden, in denen man sich stärker fühlt, als man ist. In Krisenzeiten jedoch, zum Beispiel bei Schulproblemen oder dem ersten richtigen Liebeskummer, wird das Elternhaus jedoch plötzlich wieder sehr wichtig. Seine emotionale und materielle Auffangfunktion kann existenziell bedeutsam werden.

Identifikationen, mit wem oder was auch immer, sind für junge Menschen zunehmend unattraktiv; angesagt sind Individualität und Abgrenzung: »Viel Ich – wenig Wir«, lautet das Motto. Massenphänomene und Konformismus sind suspekt. Für die werbetreibende Wirtschaft ist dies letztlich eine (ökonomische) Katastrophe, denn sie kalkuliert natürlich mit Massenphänomenen. Einzelfälle sind bei den Massenmedien wie Sand im Getriebe.

Kinder und Jugendliche betreiben, bewusst oder unbewusst, Frustprophylaxe und dabei ist die Clique mit ihrer jeweiligen Subkultur und ihren spezifischen Moden und Sprachen viel hilfreicher als die meisten Elternhäuser und Schulen. Die moderne Jugendkultur ist durch Multioptionalitäten und Konsumstress geprägt und muss vor allem Spaß machen. Fun ist angesagt und eingegangene Verbindlichkeiten dürfen nicht zu verbindlich und damit belastend werden.

Die Jugend führt eigentlich ein Doppelleben, wobei der blassen Unattraktivität des Hier und Jetzt die Verlockungen der modernen Medien-Parallelwelt gegenüberstehen. Mit Gleichgesinnten (z. B. der ›besten Freundin‹) ist diese Widersprüchlichkeit natürlich viel eher und lustvoller zu erleben und zu managen als in den Erwachsenendomänen Beruf, Schule oder Elternhaus.

Die Primärsozialisation im Elternhaus wird also durch eine im Jugendlichenalter mindestens ebenso wichtige ›mediale Sekundärsozialisation‹ ergänzt und schließlich abgelöst. Die Entwicklung verläuft von der Komplementarität (Ergänzung) zur Substitution (Ersatz).

Die Eltern werden jedoch keineswegs funktionslos, auf sie kommt eine völlig neue Aufgabe zu: Wenn es ihnen in dieser Situation gelingt, hier eine Mediatorenfunktion zu übernehmen, wird ein qualitativ neues, intergeneratives Sozialverhältnis begründet. Junge Menschen werden ihre Eltern in ganz neuen Rollen erleben und ein viel entspannteres Verhältnis zu ihnen aufbauen können, wenn der starke personal-autoritäre Charakter herkömmlicher Erziehung durch eine mediale Sachautorität abgelöst wird. Natürlich sind hierfür einige elterliche Investitionen in Form von Lernprozessen, Geduld und Zeitaufwand notwendig, um die für diese neue Rolle unverzichtbare Kompetenzgrundlage zu schaffen. Aber es lohnt sich!

Eltern müssen jedoch wissen, wie die nachfolgende Generation ›drauf‹ ist, welche Befindlichkeit sie hat: Mehr denn je ist heute das erreichte Bildungsniveau die entscheidende Basis für den weiteren Lebensweg junger Menschen. Freundeskreis, Familienbindung und Karriere sind gleichermaßen wichtig für sie. Die heutige junge Generation ist gekennzeichnet von einem ausgeprägten Hang zum Pragmatismus; sie legt großen Wert auf Individualität und Sicherheit.

So entstehen ›selbstbewusste Macher‹ und ›pragmatische Idealisten‹; parallel dazu geht das Interesse an Politik immer weiter zurück.

Man kann diese Entwicklung bedauern oder begrüßen. Wichtiger ist, dass man über sie Bescheid weiß.

Als der 1978 verstorbene Kabarettist Werner Finck vor dreißig Jahren (1974) formulierte »Das Fernsehen hat aus dem Kreis der Familie einen Halbkreis gemacht«, ahnte er wahrscheinlich noch nicht, wie Recht er hatte.

Das Zentrum familiärer Kommunikation sind heute der Fernseher, der Computer und das Telefon. Trotz, beziehungsweise gerade wegen dieser weitgehend technisierten Form des Umgangs miteinander ist die Familie der zentrale soziale und soziologische Ort für den Einsatz medienpädagogischer Maßnahmen, weil hier die gemachten Erfahrungen am direktesten und die personalen Bindungen am engsten sind, beziehungsweise sein sollten. Auch wenn viele Eltern, manchmal resignierend, glauben, kaum noch wirksame Interventionsmöglichkeiten zu haben: Sie sollten das Fernsehen und den Computer viel stärker unter dem Gesichtspunkt der inhaltlichen Bereicherung, und nicht der Behinderung, des Familienlebens sehen.

Kurz vor Ende seiner Schulzeit hatte unser Freund noch ein weiteres Schlüsselerlebnis. Er hatte Post vom Kreiswehrersatzamt bekommen: Der Staat war der Meinung, unser Freund solle nunmehr seiner Bürgerpflicht nachkommen und den gesetzlich vorgesehenen Wehrdienst ableisten.

So hatte ich meinen Vater ja noch nie erlebt. Es waren noch keine zwanzig Jahre her, dass er mit viel Glück das Ende des Zweiten Weltkrieges überlebt hatte. Und nun polterte er – ganz gegen seine sonstige Gewohnheit – drastisch los. Sein flammendes Plädoyer gegen jede Beteiligung meinerseits am Wehrdienst irritierte und beeindruckte mich gleichermaßen. Nach langen Gesprächen fand ich die Logik seiner Argumentation schlüssig und verweigerte konsequent die Ableistung des besagten Dienstes. Das war durchaus legal, aber dennoch schwierig und damals noch selten.

Ich hatte vor einer Kommission des für mich zuständigen Kreiswehrersatzamtes zu erscheinen und meine innere Haltung zu begründen. Das war gar nicht so einfach.

Nachdem ich meine Gewissensentscheidung erläutert hatte, fragte man mich zu meiner Überraschung, ob ich denn nicht vielleicht irgendein Musikinstrument spielen könne, denn die Musiker beim Militär bräuchten gar nicht zu schießen, sondern nur Musik zu machen.

Allein diese Gedanke erschien mir derart abwegig, dass mir sehr bald klar wurde, dort auf keinen Fall in irgendeiner Form mitmachen zu können oder zu wollen. Bis dahin war mir überhaupt nicht bekannt, dass es offenbar eine zentrale soldatische Aufgabe ist, zu musizieren.

Und obwohl ich immer schon fit wie ein Turnschuh war, geschah jetzt etwas Eigenartiges. Mit der Begründung, den körperlichen Belastungen des Wehrdienstes ja wohl überhaupt nicht gewachsen zu sein, wurde ich kurzerhand ausgemustert. Das bedeutete: Meine militärische Karriere war kurz vor ihrem Beginn bereits unwiderruflich beendet. Die Freude meines Vaters darüber werde ich nie vergessen, sie war – glaube ich – noch größer als meine.

Kurz darauf hatte ich auch mein erstes Alkohol-Extrem-Erlebnis. Anlässlich meiner amtlichen Ausmusterung betranken wir uns, mein Vater und ich, und träumten den alten Traum von einer Welt, in der es nur noch Einheimische und friedliche Touristen gibt. Die medizinischen Folgen dieses Ereignissen sind zwar inzwischen rückstandslos überwunden, aber an dieses intergenerative Besäufnis werde ich mich wohl zeit meines Lebens erinnern können. Ich fände es Klasse, wenn alle jungen Leute ihre ersten Drogenerfahrungen mit ihren Eltern machen würden. Aber wahrscheinlich ist auch dieser Gedanke ein wenig anrüchig.

Nachdem dieses Kapitel abgeschlossen war, konnte ich mich den wirklich wichtigen Dingen des Lebens zuwenden.

Auch in diesem Fall ist der prägende Einfluss des Elternhauses unverkennbar: intergenerative Solidarität als pädagogisch-soziologisches Instrument zum gelingenden Übergang in die Erwachsenenwelt. Aber zur Vorsicht sei geraten! Derartige Grundsatzentscheidungen sind nämlich nur dann wirksam vermittelbar, wenn sie nicht inflationär auftreten. Schlüsselerlebnisse kann man nicht täglich verkraften. Die Kunst ist hier, das Wichtige vom Unwichtigen zu unterscheiden und dies auch kommunizieren zu können.

Eltern, Lehrer und andere private oder professionelle Autoritäts- und Bedenkenträger neigen all zuoft dazu, allem und jedem, was nicht exakt so gehandhabt wird, wie sie es wünschen, wahre Fundamentalbedeutungen beizumessen: Man macht aus Mücken Elefanten. Bei dieser Form der ›Katastrophenpädagogik‹ brechen regelmäßig ›Welten‹ zusammen, wenn Kinder nicht als exakte Kopien ihrer Eltern in Erscheinung treten. (Let the children go! Manch einer erinnert sich vielleicht. Pink Floyd und die Folgen: The wall!)

Doch wir sind noch nicht ganz fertig. Die Sache wird noch einmal komplizierter: Im Laufe der Zeit beginnen unterschiedliche Gruppenzugehörigkeiten oft miteinander zu konkurrieren. Neben dem Elternhaus gewinnt das Dazugehörigkeitsgefühl zu Cliquen, Freizeitgruppen, Freundeskreisen und Einzelpartnern immer mehr an Bedeutung. Doch auch hier kann uns die Soziologie mit ihrem analytischen Instrumentarium durchaus helfen, Ordnung in die Unordnung zu bringen, das heißt, den Durchblick zu gewinnen bzw. zu bewahren.

Sechs wesentliche Modellvorstellungen zum Phänomen der sozialen Gruppe stellt sie uns dafür zur Verfügung, also sollten wir sie auch nutzen.

1. Das Mechanik-Modell

Hierbei wird in der zu analysierenden Gruppe eine Art Interaktionsmaschine mit universalen und unveränderlichen Gesetzmäßigkeiten gesehen und es wird untersucht, welche Wirkungen und Bedeutungen die Handlungen der einen Gruppenmitglieder auf die anderen Beteiligten haben.

Dies setzt ein hohes Maß an Austauschbarkeit von Mitgliedern und Handlungen voraus, ohne dass dadurch das Gesamtsystem im Wesentlichen geändert wird. Das hierbei zugrunde liegende Aktions-/Reaktions-Denken ist naturwissenschaftlichen Ursprungs und stammt aus der Physik. Es ist auch unter der Bezeichnung ›Ursache-/Wirkung-Denken‹ bekannt geworden.

Der große Vorteil besteht darin, dass auf diese Art und Weise zwischenmenschliche Beziehungen als geordneter und systematischer Zusammenhang erkannt und dargestellt werden kann.

Nachteilig wirkt sicher allerdings die Tatsache aus, dass Entwicklungs- und Wachstumsprozesse damit nicht analysierbar sind. Werthaltungen, Emotionen und Irrationalitäten können so nicht erklärt werden, da sie – im wörtlichsten Sinne – unsystematisch sind.

2. Das Organismus-Modell

Die soziale Gruppe in Analogie zu einem biologischen Organismus zu betrachten, erlaubt uns, auch Prozesse des Entstehens, Wachsens und Vergehens zu erkennen und zu berücksichtigen. Der fundamentale Gruppenzweck besteht auch hier zunächst einmal in der Selbsterhaltung, wobei im Laufe der Zeit Komplexitäten, Differenzierungen, Integrationen und Interdependenzen zunehmen, was – biologisch interpretiert – zum Ende, zur Auflösung, zum ›sozialen Tod‹ führt. Die Gruppe macht lediglich eine naturbestimmte Entwicklung nach einem weitgehend unbekannten Plan durch.

Pädagogische, therapeutische oder andere Interventionen wären kontraproduktiv und haben daher zu unterbleiben.

3. Das Gleichgewichts-Modell

Hier wird die Gruppe als ein systematischer Zusammenhang von Kräften und Gegenkräften verstanden, wobei immer wieder ein beweglicher Gleichgewichtszustand angestrebt wird.

Das Problem dabei ist, dass es Gleichgewichtszustände auf ganz unterschiedlichen Niveaus gibt. Die Verfolgung partikularer Ziele schwächt die Solidarität und löst regelmäßig einen reaktiven Integrationsmechanismus aus.

Die Gruppe hat in dieser Phase hauptsächlich mit sich selbst zu tun und kann sich erst nach einer Phase sozialer Konsolidierung wieder dem eigentlichen Gruppenziel widmen.

4. Das kybernetische Wachstums-Modell

Diese aus den informationstechnologischen Disziplinen stammende Modellvorstellung sieht in der Gruppe primär ein Informationsspeicherungs- und -verarbeitungssystem mit bestimmten Funktionsträgern. Eigensteuerungskapazitäten und Wachstumsfortschritte hängen dabei im Wesentlichen von drei Faktoren ab:

Erstens: von der Genauigkeit der Zielorientierung mit den entsprechenden Korrekturmöglichkeiten; zweitens: von der Stabilisierung- bzw. Wiederherstellungsfähigkeit der Gruppenstruktur und drittens: vom Grad des Selbstbewusstseins der Gruppe als einer Folge selbstanalytischer Prozesse, die wir üblicherweise als

›Lernen‹ bezeichnen. Dies sind drei typische Rückkopplungsfunktionen.

›Wachstum‹ meint hier nicht etwa einen Zuwachs an Gruppenmitgliedern, sondern eine Erhöhung der Gruppen-Informationskapazität.

5. Das struktur-funktionale Modell

Dieses von Talcott Parsons kreierte Modell der Gruppe interpretiert sie als ein ›Zielorientiertes Handlungssystem‹ und ist eine originär soziologische Konstruktion, die keine Anleihen in anderen Disziplinen macht wie die ersten vier Modelle.

Zielorientierte Systeme sind allerdings immer wieder in ihrem Bestand und ihrer Funktionstüchtigkeit gefährdet. Daher müssen permanent vier Leistungen erbracht werden:

a. Anpassung an sich ändernde Umweltbedingungen,
b. Neuorientierung zwecks Zielerreichung,
c. Integration möglichst aller Gruppenteile (Fraktionen) und
d. Erhaltung bewährter Strukturen.

6. Das Konflikt-Modell

Hierbei wird die Gruppe als Raum permanenter sozialer Konflikte gesehen, wobei die Prämisse des Knappheitsprinzips gilt. Um ein Leistungsoptimum zu erreichen, besteht ein hoher Koordinierungsbedarf, dessen Deckung immer mit Restriktionen der Mitglieder verbunden ist. Gruppenfortschritt wird durch Wissensakkumulation erzielt, die zu einem höheren Zufriedenheitslevel der Beteiligten führt.

Ein wesentlicher Vorteil bei der Voraussetzung der Konflikt-Idee besteht darin, dass es so möglich wird, frühzeitig Abwehrmechanismen und Verdrängungen aufzudecken, die immer dann in Kraft treten, wenn eine Gruppe mit Schwierigkeiten und Problemen nicht aus eigener Kraft fertig wird. Hierbei sind im

Wesentlichen die drei folgenden Fragen immer wieder zu beantworten:

Erstens:

Welcher Konflikttyp liegt im konkreten Fall vor? Hier ist vor allem zwischen sächlichen und personal-bedingten Konflikten zu unterscheiden.

Zweitens:

Wer kann den Konflikt lösen? Hier muss nach Zuständigkeiten, Kompetenzen und Autoritäten gefragt werden. Wenn diese drei Faktoren in Personalunion vorhanden sind, sind die Erfolgsaussichten am größten.

Drittens:

Worin besteht die Konfliktlösung inhaltlich konkret? Hier muss die Ebene der konjunktivistischen Argumentation endlich verlassen werden. Die zu beantwortende Frage ist also nicht: Was könnte man denn jetzt machen? Vielmehr heißt sie: Was tun wir denn jetzt tatsächlich?

Was ich natürlich toll finde: Diese Modelle sind alle richtig. Weniger toll ist allerdings: Sie sind leider auch alle unvollständig. Daher finde ich den Vorschlag, jedes zu behandelnde Thema immer mit einer Pluralität dieser Sichtweisen zu bearbeiten, um ein möglichst hohes Maß an Komplexität erfassen zu können, sehr vernünftig. Vernunft hat mir ja früher schon gut gefallen. Das macht zwar mehr Arbeit, ist aber redlicher als immer nur unvollständiges dummes Zeug zu produzieren.

Diese Vorgehensweise zeigt mir deutlich, wie wichtig die Entscheidung darüber ist, mit welchen Modellvorstellungen wir unsere Analysen angehen. Die angewandte Methode entscheidet nämlich wesentlich über die zu erzielenden Resultate mit. Das ist nicht neu, aber sehr wichtig.

Außerdem wird mir auch hier wieder einmal klar, wie sehr die Soziologie kategoriale und methodische Anleihen bei anderen – vor allem – naturwissenschaftlichen Fächern macht. Diebisch wie eine Elster, diese Soziologie! Warum aber auch nicht, wenn es dem wissenschaftlichen Fortschritt dient. Auguste Comte, einer der Urväter der Soziologie, hätte bestimmt nichts dagegen einzuwenden gehabt.

Natürlich interessiere ich mich als angehender Soziologe nicht nur dafür, in welchen Gesellungsformen wir alle strukturell organisiert sind und unser Leben leben, sondern auch dafür, was innerhalb dieser Strukturen dann tatsächlich passiert. Ich muss mich also davor hüten, meine Analyse zu statisch anzulegen, wenn ich die soziale Realität wirklich verstehen will. Und das will ich allerdings!

Außerdem muss ich über die Phase der reinen Deskription (Beschreibung) hinauskommen. Denn das wäre nun wirklich zu wenig und reichlich langweilig. Aber auch hier hat die Soziologie wieder eine Lösung parat. Scheint doch eine patente Wissenschaft zu sein, diese Soziologie. Aber niemand hat gesagt, das alles wäre einfach und leicht, nein, die Soziologie ist etwas für Könner. Aber wir sind ja auf einem guten gemeinsamen Weg.

Und langsam wird mir noch eines immer bewusster: Wenn sie redlich betrieben wird, kann Soziologie in Arbeit ausarten, die Aneinanderreihung modischer Sprüche genügt da nicht mehr!

Mit dem Begriff der Rolle – ursprünglich aus dem Bereich des klassischen Theaters stammend – hilft sie uns, nicht nur statische Zustände, sondern auch dynamische Abläufe (Prozesse) besser zu verstehen. Leider steckt aber auch hier der Teufel im Detail und so müssen wir schon viel Komplexität reduzieren, um zu handhabbaren Modellen zu kommen.

So muss jede fundierte Rollenanalyse auf den folgenden sechs Bearbeitungsebenen aktiv werden. Ganz wesentlich ist es dabei immer, die richtigen Fragen zu stellen; wer die falschen Fragen stellt, darf nicht erwarten, sinnvolle Antworten zu bekommen. Im Rahmen einer fundierten Rollenanalyse sind dies zum Beispiel Fragen wie diese:

Erstens:

In welchem Verhältnis
steht die zu analysierende
Rolle zu anderen Rollen?

Ergänzen sie sich gegenseitig?
Stehen sie im Widerspruch zueinander?

Zweitens:

Welche Stellung im so-
zialen Gefüge nimmt die
Rolle und ihr Träger ein?

Handelt es sich um eine Autori-
tätsstellung oder um eine Sub-
alternenposition?

Drittens:

Welche Funktion hat die
Rolle für alle Beteiligten?

Geht es um Anpassung oder
um Persönlichkeitsentfaltung?

Viertens:

Was ist ihre Bestimmungs-
herkunft?

Definiert der Rollenträger oder
die Umwelt ihren Inhalt?

Fünftens:

Welche Bedeutung hat die
Rolle für den Rollenträger?

Ist sie Maßstab für eigenes oder
für fremdes Verhalten?

Und schließlich: Beschreibt sie das Verhalten selbst oder beschreibt
sie die Basis für verschiedene, mögliche Verhaltensalternativen?

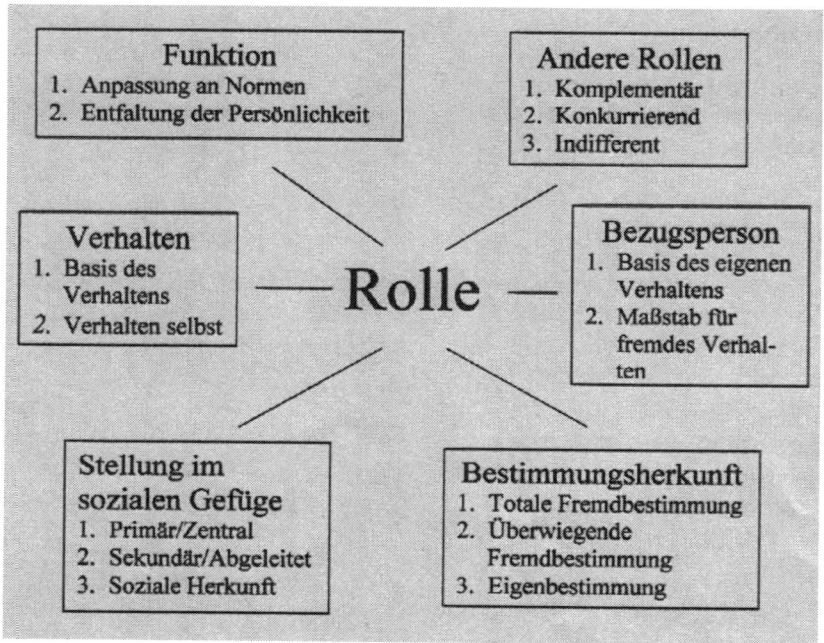

Man wird sich denken können, dass wir hierbei dauernd auf Schwierigkeiten stoßen, besonders dann, wenn soziale Rollen nicht in sich schlüssig sind oder sich nicht miteinander vereinbaren lassen. So kann es entweder zu Konflikten zwischen unterschiedlichen Rollen bei ein und demselben Rollenträger kommen (Interrollenkonflikt) oder aber es kollidieren unterschiedliche Aspekte innerhalb des gleichen Rollenverhaltens miteinander (Intrarollenkonflikt).

Immer wieder passiert es Lehrern, dass sie sich in attraktive Schülerinnen verlieben. Die Doppelrollen-Konstellation ›Lehrer und Liebhaber‹ beispielsweise ist sehr konfliktträchtig, wie man sofort erkennen wird; auf Dauer beide Rollen korrekt und intensiv zu spielen, wird schwer oder gar unmöglich sein. Ein derartiger Interrollenkonflikt kann z. B. durch eine Versetzung des Lehrers oder durch einen Schulwechsel der Schülerin gelöst werden.

An die Rolle eines zu wählenden Staatsoberhauptes (z. B. Bundespräsident(in)) haben die unterschiedlichen politischen Gruppierungen verschiedene Erwartungen und Forderungen. Um solche Intrarollenkonflikte zu lösen, muss der Kandidat bzw. die Kandidatin Stellung beziehen und sich entscheiden. Man wird es niemals allen recht machen können, man muss sich Mehrheiten beschaffen.

Ernst des Lebens: Sekundärsozialisation

Fremde Fehler beurteilen wir wie Staatsanwälte, eigene Fehler wie Verteidiger.

Viele Jahre lang hatte ich den altsprachlich-mathematischen Zweig eines humanistischen Gymnasiums besucht, das nach den Brüdern Alexander und Wilhelm von Humboldt benannt war. Die in dieser Namensgebung versteckte Ironie des Schicksals verstand ich leider erst Jahrzehnte später.

Aber wie gesagt: Ich hatte das Gymnasium besucht. Und dies ist wörtlich zu verstehen; meistens war ich mir dort wirklich wie ein Besucher vorgekommen. Besucher sind ja im Grunde Fremde, die bald wieder verschwinden. Und in der Tat hatte ich mich in der Schule nie richtig heimisch gefühlt.

Dennoch blieb ich dort deutlich länger als eigentlich notwendig. Zweimal wiederholte ich ein Schuljahr, nicht, weil es mir so gut gefallen hätte, sondern weil die Lehrer einfach nicht in der Lage waren, mich zum vorgeschriebenen Klassenziel zu führen. Das diesbezügliche Versagen allerdings wurde mir zugerechnet.

Das klassische Verursacherprinzip wurde hier regelrecht pervertiert, die Schuldfrage gar nicht erst gestellt; und nichtgestellte Fragen werden ja auch üblicherweise nur in den seltensten Fällen beantwortet.

Aber nun war es endlich so weit. Wir trennten uns voneinander, meine Schule und ich, und keiner von uns beiden bedauerte dies wirklich. Die Freiheit winkte.

Erst vor wenigen Tagen hatte mein gymnasialer Schulleiter, der ein wahrer Artist (und nicht selten auch Sadist) der Schulpädagogik war, mir feierlich das ›Zeugnis der Reife‹ (so hieß das Abiturzeugnis damals wirklich) überreicht. Damit durfte ich nun fast alles, auch studieren.

Mir stand also die Welt offen und ich fand mich bald vor einer riesigen Wand mit Zetteln und Hinweisen wieder, die mich allerdings mehr verwirrten, als mir halfen.

Ganz spontan war ich einfach einmal zur gerade neu gegründeten Ruhr-Universität nach Bochum gefahren, um ein Studium aufzunehmen. Nur so, welches, wusste ich noch nicht. Die RUB, wie sie inzwischen abgekürzt genannt wurde, hatte eigentlich noch nichts von einer Universität, außer dem Namen. Vielmehr handelte es sich um eine gigantische Baustelle, auf der sich einige Intellektuelle verirrt hatten.

In meiner abgelaufenen Schulzeit hatte ich ja viel gelernt, allerdings nichts, wovon ich in Zukunft noch jemals wieder etwas hören wollte. Ich war ziemlich frustriert. Auch wenn ich damals das Wort noch gar nicht kannte, so erlebte ich diesen wichtigen psychologischen Sachverhalt bereits jetzt am eigenen Leibe. Folgerichtig entschied ich mich für das Studium der Soziologie.

Die Begründung dafür war ganz einfach: Ich wusste nicht, was das war, und in der Schule hatte ich nie davon gehört. Zwei starke Argumente also, sich mit der Soziologie von nun an näher zu befassen. Ich zog ein Konversationslexikon zu Rate und erfuhr, dass der Begriff ›Soziologie‹ ein Kunstprodukt ist, das sich aus dem lateinischen ›socius‹ (der Gefährte) und dem griechischen ›logos‹ (Geist) zusammensetzt. Das war ja ganz interessant, aber doch noch vergleichsweise unspektakulär.

Ich dachte, jetzt begänne der ›Ernst des Lebens‹. Schon bald aber erlebte ich, dass das Lernen auch Spaß machen konnte. Das war für mich eine ganz neue Erfahrung. Hoffnung keimte auf.

Natürlich hatte ich auch Glück. Ich hatte das Glück, in einer Zeit zu studieren, in der man es sich noch leisten konnte, die unterschiedlichsten Dinge auszuprobieren, vor allem sich selbst.

Um das Jahr 1965 herum tat sich an Frankreichs und Deutschlands Universitäten Erstaunliches: ›Wer zweimal mit derselben pennt, gehört schon zum Establishment‹, ›Trau keinem über dreißig‹, ›Unter den Talaren der Muff von tausend Jahren‹. Solche und ähnliche Slogans wurden zu Sprichwörtern und signalisierten die Kampfansage der 16- bis 26-jährigen an ihre Eltern- und Lehrergeneration. Die gesamte gesellschaftliche Wertestruktur schien zusammenzubrechen. Früher selbstverständliche Autoritäten wurden in Frage gestellt, sexuelle Tabus wurden missachtet und der Begriff der Selbsterfahrung (wiederentdeckte Subjektivität – Hermann Hesses ›Demian‹ lässt grüßen!) wurde zum Schlüsselbegriff einer neuen Generation.

In der Vergangenheit wurden immer schon gerade die besser ausgebildeten Gruppen zur Avantgarde des Wertewandels. Dies ist bis heute so geblieben und findet seinen Niederschlag in innovativen pädagogischen und didaktischen Konzepten. Vieles von dem, was an Gymnasien und Universitäten gelehrt und gelernt wurde, ist mit dem, was Eltern und Schullehrer zu vermitteln versuchen, nicht mehr in Einklang zu bringen. Das verwissenschaftlichte Hochschulwissen kollidiert oft mit dem gesellschaftlichen Alltagswissen.

Tatsachen sind ja nicht selten die Todesursache für Theorien. Theorie und Praxis passen oft überhaupt nicht mehr zusammen. Wurde früher die Qualität einer theoretischen Erkenntnis an ihrer Praktikabilität (Praxisbezug) gemessen, so heißt es heute oft: Wenn Praxis und Theorie nicht mehr zueinander passen, so taugt die Praxis nichts und muss daher verändert werden. Theorien stimmen immer. Natürlich ist das entweder ein Irrtum oder eine Lüge.

Die heutigen Studentinnen und Studenten lernen viel und zunehmend akademisch. Das Ergebnis sind große Theorie-Wissensbestände, für die es typisch ist, gerade eben nicht auf bestimmte konkrete Berufs- und Arbeitsrollen bezogen zu sein. Sie zielen eher auf individuelle Bewusstseinserweiterungen. Die Validität von Einsichten basiert hierbei auf Erkenntnissen, nicht auf Erfahrungen. Man weiß viel, kann aber wenig. So kann der so genannte Praxisschock natürlich nicht ausbleiben, der sich dann auch regelmäßig beim Übergang in die Arbeitswelt einstellt.

Dieser Schock kommt daher, dass der Einzelne auf einmal für die Folgen seines aktuellen Handelns persönlich verantwortlich gemacht wird: Berufliches und privates Fortkommen hängen konkret von eben diesen Folgen ab. Und diese verantwortungsvollen Tätigkeiten führen zu einer präzisen und differenzierten Einfügung des Einzelnen in den Leistungszusammenhang eines Betriebes, eines Unternehmens, einer Organisation oder einer staatlichen Ordnung. Handlungen haben auf einmal auch individuelle Konsequenzen. Darauf sind viele einfach nicht vorbereitet.

Wirkliche Leistungen entstehen nur unter bestimmten, kontrollierten Bedingungen:

Erstens:

Im Mittelpunkt steht immer eine gestellte Aufgabe oder ein zu lösendes Problem. Haben wir weder eine offene Frage noch ein Problem, muss auch keine Leistung erbracht werden.

Zweitens:

Individuelle und kollektive Ziele müssen klar definiert sein; sodann werden die zu erfüllenden Aufgaben unzweideutig auf die handelnden Personen übertragen.

Drittens:

Die Vorgehensweise (Prozedur) wird festgelegt und die Organisationsstruktur, innerhalb derer die Arbeit stattfindet, wird analysiert.

Viertens:

Der Weg zur Problemlösung wird schrittweise in seinen logischen Etappen begangen und die dazu notwendigen Interaktionen werden geklärt.

Fünftens:

Die erzielten Detailergebnisse werden zusammengetragen, systematisiert und bewertet.

Wenn am Ende sowohl auf tatsächlich erbrachte Leistungen zurückgeblickt werden kann und alle Beteiligten zufrieden sind, war die Arbeit erfolgreich.

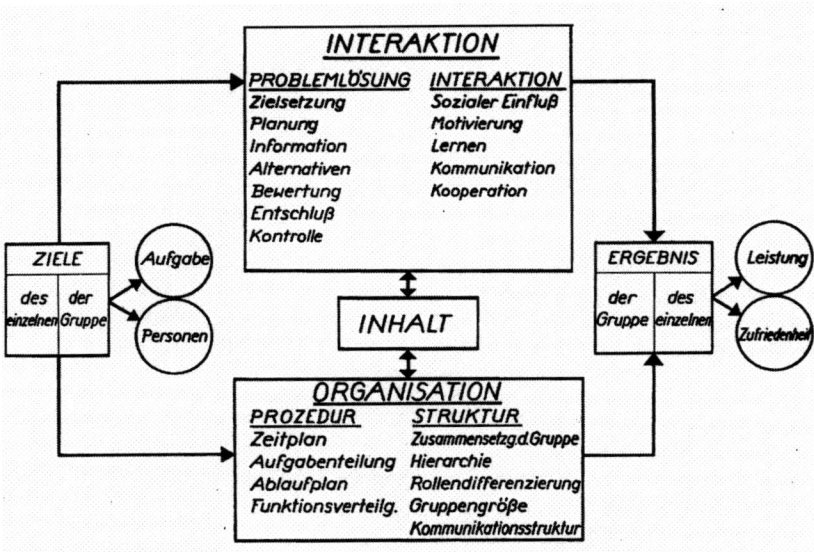

Langsam stellt sich bei mir eine neue Erkenntnis ein, die mich doch ein wenig irritiert. Auch wenn mein Weg durch das Gymnasium streckenweise sehr dornig war, einen Elementarfundus an Allgemeinwissen habe ich von dort aber dennoch mitbekommen. Ich weiß nicht wieso, aber das nützt mir jetzt mehr, als ich erwartet hatte.

Ginge es beim Studieren nur um die Akkumulation von Faktenwissen, wäre ich wahrscheinlich verloren gewesen. Aber die Sache ist offensichtlich anders. Niemand verlangte hier mehr von mir, sämtliche Strophen von Friedrich Schillers ›Bürgschaft‹ (oder ähn-

liche Lieblingswerke des Bildungsbürgertums) auswendig hersagen zu können. (Auch Schiller selbst hätte das nicht gewollt, da bin ich mir sicher.)

Vielmehr stellt man mir in der Universität auf einmal Verständnisfragen. Es geht nun also um Selektionen und Sinnkonstruktionen. Das bedeutet, man muss das Richtige vom Falschen, das Wichtige vom Unwichtigen und das Gute vom Schlechten unterscheiden lernen. Aber wie geht das?

Das geht so, ganz einfach:

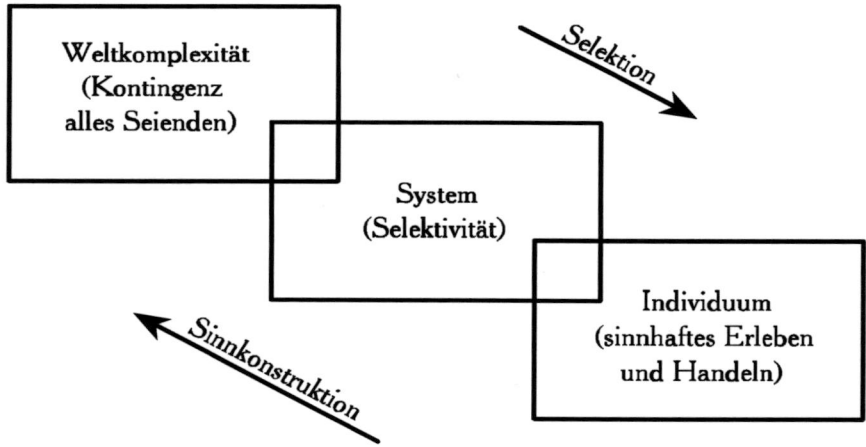

Jedes Individuum lebt und handelt immer nur innerhalb des Systems, in dem es sich befindet, anders geht es nicht. Dieses jeweilige System ist aber nur ein kleiner Ausschnitt aus übergeordneten Komplexitäten. Für andere soziale Einheiten sind natürlich andere Systeme zuständig und daher wird dort oft ein ganz anderer Teil der ›Weltkomplexität‹ von Bedeutung sein. Aber erst durch die Transformation des eigenen Handelns als ›richtig‹ werden partikulare Wertvorstellungen ›als auch für andere gültig‹ etabliert. Erst so erfährt der Handelnde in seinem Handeln einen Sinn. Das klingt ziemlich theoretisch und das ist es auch. Aber es ist wichtig!

Damit die Soziologie als Wissenschaft nicht zu einer unbestimmten Modeerscheinung verkommt, finde ich es unumgänglich, mit sauber geklärten und verstandenen Begriffen zu arbeiten. Das ist mir ganz schnell deutlich geworden. Ansonsten leisten wir Missverständnissen Vorschub, schon bevor unsere Arbeit überhaupt erst richtig begonnen hat. Warum gegen diesen Grundsatz so oft verstoßen wird, ist mir unklar; so schwer ist das doch gar nicht!

Max Weber hat uns das schon vor langer Zeit in seinem Hauptwerk ›Wirtschaft und Gesellschaft‹ vorgemacht, in dem er die Aufgabe der Soziologie klar umrissen hat. Danach ist die Soziologie eine ›Wissenschaft, welche soziales Handeln deutend verstehen und dadurch in seinem Ablauf und seinen Wirkungen ursächlich erklären will‹.

Immer dann, wenn eine hochkomplexe Formulierung zu abstrakt zu werden droht und wir dann keinen wirklichen Erkenntnisgewinn mehr mit ihr erzielen können, sollten wir die Methode der ›kleinen Schritte‹ anwenden: Wir zerlegen die Formulierung in ihre Einzelteile, klären diese Punkt für Punkt und setzen am Ende das so erreichte Verständnis wieder zu einem Ganzen zusammen. Das könnte in unserem Fall dann etwa so aussehen:

1. Was ist Wissenschaft?	*So heißt jede Bemühung, mit nachvollziehbaren, verabredeten Methoden zu innovativen Erkenntnissen zu gelangen (also keine Willkürakte).*
2. Was ist eine Handlung?	*Menschliches Verhalten, mit dem der Akteur einen subjektiven Sinn verbindet (also keine Zufallsaktionen).*
3. Was ist sozial?	*Sozial ist eine Handlung dann, wenn sie auf das Verhalten anderer bezogen ist (also keine rein ich-bezogenen Aktionen).*

4. Was heißt deuten?	*Interpretation von wahrgenomme-nen Sinngehalten (Sinnloses kann nicht gedeutet werden).*
5. Was heißt verstehen?	*Empathischer Nachvollzug des vom Handelnden gemeinten Sinnes (also keine Identifikation).*
6. Was ist eine Ursache?	*Logisch ableitbare Herleitung für wahrgenommene Wirkung (also kei-ne Erklärung).*
7. Was ist eine Erklärung?	*Kausale Erläuterung für allerlei Unverständliches (also keine Ent-scheidung).*

Ich gebe zu, das alles ist recht formal und sieht ziemlich wirklich-keitsfremd aus. Aber gerade am Beginn jeder wissenschaftlichen Bemühung müssen wir uns entscheiden, mit welchen Werkzeugen wir arbeiten wollen. Mathematiker müssen wissen (oder sich zumindest darüber einigen), was eine Integralfunktion oder eine Quadratwurzel ist. Sonst können sie – fachlich – nicht miteinander kommunizieren. Das ist in der Soziologie genauso – nur mit anderen Instrumenten. Kommunikationsfähigkeit setzt ein Einverneh-men über die zu benutzende Sprache voraus – sonst geht gar nichts mehr.

In der Schule passiert einem das ja dauernd. Beispiel Deutsch-unterricht: Auf dem Lehrplan steht das Drama ›Die Physiker‹ von Friedrich Dürrenmatt aus dem Jahre 1962. Der germanistisch geschulte Lehrer bittet die Schüler händeringend um zweierlei: Erstens, das Stück zu lesen, und zweitens, zu erläutern, wieso Dürrenmatt ein hochrangiger Moralist ist. Das pädagogische Großunternehmen des Lehrers scheitert normalerweise schon an der ersten Bitte, die weitgehend unerfüllt bleibt. Und dann kommt die klassische und gefürchtete Frage: Was will uns der Dichter mit die-sem Stück sagen?

Nach einer gewissen Zeit peinlicher Stille kommt die Interpretationslawine dann langsam in Gang. Es wird nacherzählt, spekuliert, vermutet, geraten, behauptet und festgestellt. Alles ohne wirklich zu wissen, was Dürrenmatt nun wirklich vermitteln wollte. Solche Schulstunden bekommen dann schnell schon einmal eine karnevalistische Note: Niemand liefert mehr eine Begründung für das, was er sagt. Das ist lustig, aber Quatsch.

Und das ist die Stelle, an der ich mir regelmäßig die Frage erlaube: Wenn der Dichter irgendetwas anderes hätte ausdrücken wollen als das, was er aufgeschrieben hat, warum hat er das dann nicht gesagt?

Oft werden Interpretationen so zu literarischen Vergewaltigungen, gegen die sich die Betroffenen in der Regel nicht mehr wehren können. Die Klassiker sind schon alle tot und die zeitgenössischen Schriftsteller erfahren in der Regel ja nichts davon, was in den Schulen mit ihren Werken so alles veranstaltet wird.

Die allermeisten unserer alltäglichen Handlungen und Verhaltensweisen sind so unbedeutend, dass wir sie praktizieren, ohne sie dauernd zu erläutern und zu legitimieren, weder uns noch anderen gegenüber. Das nennen wir dann Alltag. Geht es aber um Wichtiges und Grundsätzliches, so fordert schon unser Umfeld – und oft auch wir selbst – stichhaltige und vertretbare Begründungen für das eine und damit gegen das andere. Das nennen wir dann: verantworten bzw. verantwortlich handeln.

Es gibt im Wesentlichen nur einen erfolgversprechenden Weg, zu begründ- und verantwortbaren Entscheidungen zu gelangen, und das Zauberwort heißt: Kommunikation. Die Chance, sich mit anderen auszutauschen, aber entsteht ja erst auf der Basis gemeinschaftlich vorhandener Allgemeinbildung. Und erst miteinander zu sprechen führt zu gemeinsamen Lern- und Lebenserfahrungen. Am meisten lernt man doch, indem man miteinander redet. Dies aber setzt ein gemeinsames Sprachverständnis (Semantik und Semiotik) als das Resultat einer kollektiven Kulturentwicklung voraus.

Ein kleines Experiment macht dies schnell deutlich. Haben Sie Lust? Versuchen Sie doch einmal, den folgenden Text, in dem nicht ein einziges korrektes Wort vorkommt, zu lesen:

Gmäeß eneir Sutide eneir elgnihcesn Uvinisterät ist es nchit witihcg, in wlecehr Rneflogheie die Bstachuebn in eneim Wort vrokmmoen, das ezniige was wcthiig ist, ist, das der estre und der leztte Bstabchue an der ritihcegn Pstoiion snid. Der Rset knan ein ttoaelr Usninn sein.

Tedztorm knan man ihn onhe gorße Pemoblre lseen. Das kmomt, wiel wir nchit jeedn Bstachuebn enzelin leesn, snderon das Wort asl gseatems.

Ehct esrtaulnich, oedr? Das ghet wicklirh!

Ist es nicht wirklich verwunderlich, wie relativ leicht es uns fällt, uns zu verständigen, auch wenn die verwendeten Kommunikationssignale alle stark fehlerbehaftet sind? So etwas kann natürlich nur funktionieren, wenn wir einen gemeinsamen Fundus von Sprachvermögen, Sprachverständnis und ganzheitliche Wahrnehmungspotenziale haben. Dies aber sind Lernprodukte und nicht Lernvoraussetzungen.

Beim Auftauchen fehlerhafter Signale erledigt unser Gehirn, das sicherlich komplexeste Organ, das die Natur jemals hervorgebracht hat, die notwendigen Korrekturen praktisch automatisch, indem es zu Vergleichszwecken auf seinen Fundus (Speicher) mit den früher gemachten Spracherfahrungen zurückgreift. Intellektuelle Anstrengungen wie z. B. Interpretationen, Enkodierungen oder empathische Transformationen sind nicht nötig, weil hier eine gemeinsame Kulturbasis, hier in den Bereichen der Semantik und Semiotik, vorhanden ist. Interessant, oder?

Also bin ich jetzt fest entschlossen, an jenem intellektuellen Formel-1-Rennen teilzunehmen, das man Studium nennt, auch wenn ich im Laufe der Zeit immer wieder einmal in einer geistigen Fußgängerzone landen sollte. Das muss man wohl in Kauf nehmen.

Dabei habe ich viele hochintelligente Leute kennen gelernt, aber nur die wenigsten davon waren auch gebildet; da gibt es eben doch einen wichtigen Unterschied. Ebenso könnte man auch sagen: Ich habe viele Leute kennen gelernt, die mich durchaus gut unterhalten haben, aber nur wenige, die eine Haltung hatten. Das ist ja auch nicht dasselbe.

Allerdings sei hier vor Missverständnissen gewarnt! Auf keinen Fall nämlich darf das Reden das Handeln ersetzen, was aber gar nicht selten geschieht. Die notwendigen Arbeitsschritte haben – auch in ihrer Abfolge – eine immanente Logik, sie sind also nicht beliebig:

Wahrnehmen Denken Reden Handeln

Oder für die, die es ein wenig lateinischer mögen:

Konstatieren Reflektieren Kommunizieren Agieren

Einen Vorsprung hat dabei natürlich immer der, der anpackt, während die anderen noch reden.

Erst die entlastenden Wirkungen von Bildungsinhalten und Traditionen, über die Konsens, Einvernehmen also, besteht, können Energien freisetzen, das Neue zu denken und das Innovative zu wagen, und das heißt: studieren. Traditionen sind gesellschafts-stabilisierend und individual-entlastend. So kann man einen festen Standpunkt finden, um nicht gleich beim geringsten Gegenwind aus der Bahn geworfen zu werden. Bei manchen Zeitgenossen genügt dazu auch schon ein laues Lüftchen von der Seite.

Die Gesellschaft ist eben nicht nur ein juristisches Gebilde, das über ein fein gesponnenes Regelnetz (Recht und Gesetz) human zu organisieren wäre, sie ist eben auch ein soziologischer ›Körper‹, der nur überlebensfähig ist, wenn die Grenzen zwischen Anstand und Unanständigkeit, zwischen Moral und Unmoral sowie zwischen Wert und Unwert klar sind. Aber gerade das ist keineswegs immer der Fall.

Das ist das Progressive am Konservatismus: die Kunst, zwischen dem notwendig zu Erhaltenden und dem notwendig zu Ändernden unterscheiden zu können.

Hier kann das Studium der Hegel'schen Begriffsverwendung des Wortes ›aufheben‹ gute Dienste tun. ›Aufheben‹ bedeutet eben sowohl ›bewahren, gewährleisten und sichern‹ als auch ›eliminieren, außerkraftsetzen und abschaffen‹. Und drittens heißt ›aufheben‹ auch: auf eine qualitativ höhere Ebene transferieren. Diesen Prozess nennen wir Fortschritt. Erst wer derartige scheinbare innere Widersprüchlichkeiten von Wortinhalten erkennt und versteht, wird sich ›gut‹ mit anderen unterhalten können und einsehen, welche fortschrittliche Funktion dialektisches Denken für uns alle hat. Georg Friedrich Wilhelm Hegel sei Dank!

Und dann kommt Karl Marx und stellt das Ganze ›auf die Füße‹, was vorher seiner Meinung nach ›auf dem Kopf‹ gestanden hat. Er konkretisiert die Dialektik geschichtsphilosophisch und meint, eine historisch-materialistische Gesetzmäßigkeit in der Abfolge historischer Epochen der Menschheitsgeschichte entdeckt zu haben. Danach muss die Gesellschaft zwanghaft die folgenden sechs Entwicklungsstufen durchlaufen:

A = Urgemeinschaft

Die Menschen arbeiten mit Steinwerkzeugen (Pfeil und Bogen). Es gibt gemeinschaftliches Eigentum an den Produktionsmitteln, aber keine sozialen Klassen, alle arbeiten für alle: Hier beginnt die Entwicklung von der Gemeinschaft zur Gesellschaft.

B = Sklavenhaltergesellschaft

Man arbeitet mit Metallwerkzeugen unter Einsatz menschlicher und tierischer Arbeitskraft. Es gibt bereits Privateigentum am Produktionsmittel ›Mensch‹ und es entsteht der Dualismus von Sklavenhaltern und Sklaven.

C = Feudalismus

Es kommt zur Entwicklung spezialisierter handwerklicher Fähigkeiten. Es gibt Privateigentum an den Produktionsmitteln ›Grund und Boden‹, ›Werkzeugen‹ und ›Rohstoffen‹. Krasser Klassenantagonismus zwischen Feudalherren und Leibeigenen.

D = Kapitalismus

Maschinelle Produktionsweise mit der Entstehung des Produktionsfaktors ›Kapital‹. Privateigentum an Maschinen und Kapital, was zur Entstehung der ›Mehrwertproduktion‹ führt. Antagonismus zwischen Kapitalisten und Proletariern.

E = Diktatur des Proletariats

Das ›Kapital‹ verliert an Bedeutung. Die Technisierung der Produktion wird perfektioniert. Alle Produktionsmittel werden vergesellschaftet. Notwendige Übergangsphase zur Aufhebung der Klassen durch ihre Umkehrung.

F = Kommunismus

In dieser Phase, die fälschlicherweise manchmal auch als ›Sozialismus‹ bezeichnet wird, ist das Verhältnis der Produktionsmittel und der Produktionskräfte ungeklärt. Es bleibt beim gesellschaftlichen Eigentum. Es kommt zur Aufhebung aller Klassen. Die Gesellschaft entwickelt sich wieder zur Gemeinschaft zurück.

Die Summe all dieser Faktoren macht in der Theorie des ›Dialektischen Materialismus‹ den sog. ›Unterbau‹ aus.
  Der in allen historischen Epochen ebenfalls vorhandene ›Überbau‹ besteht aus den vorherrschenden politischen, sittlichen, juristischen, religiösen, philosophischen und künstlerischen Anschauungen der jeweiligen Epochen; diese werden aber letztlich von den geltenden wirtschaftlichen Verhältnissen geprägt: Das Sein bestimmt das Bewusstsein (nicht etwa umgekehrt).

Jede historisch-gesellschaftliche Situation A (= These) und die in ihr notwendig enthaltenen Widersprüche A‹ (= Antithese) müssen als ein dialektischer Zusammenhang gedacht werden. Die darin enthaltene Konfrontation führt im Zuge einer synthesenhaften ›Aufhebung‹ (vgl. Hegel) zu einem qualitativ neuen Zustand B, welcher wiederum dem gleichen historischen Schicksal unterworfen ist.

Die sich so fortentwickelnde Geschichte kommt erst an einem utopischen Endpunkt zum Stillstand. Das ist dann der Fall, wenn es keine gesellschaftsimmanenten Widersprüche mehr gibt, die als Antrieb für eine weitere Entwicklung dienen könnten: Stillstand in der Vollkommenheit.

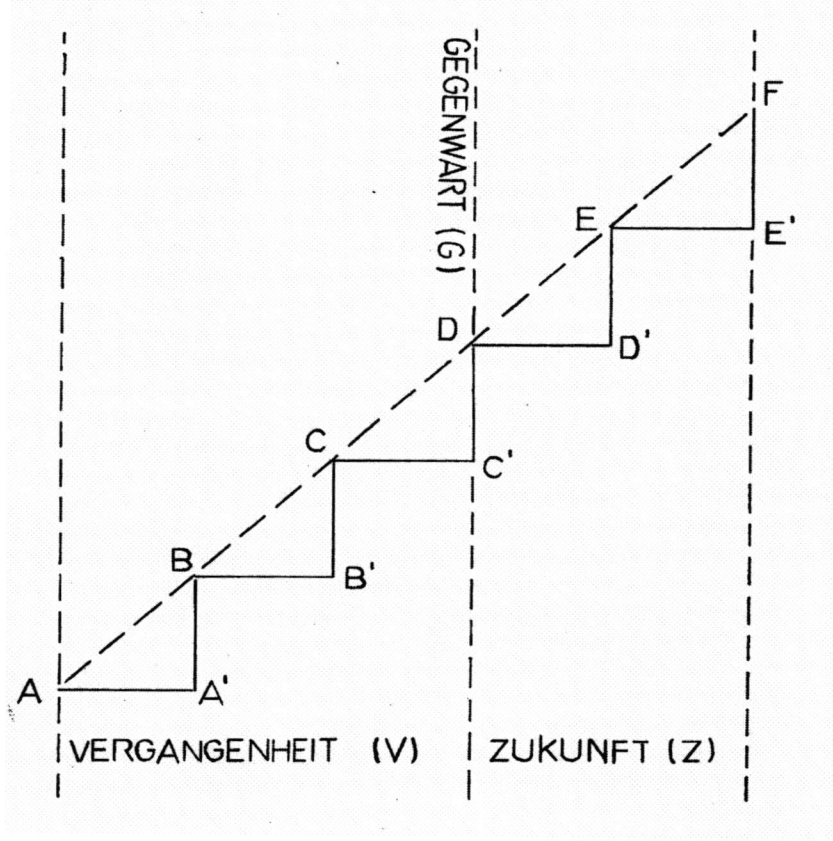

Eine ähnliche Funktion wie die Traditionen haben Ideologien für die von ihnen betroffenen Menschen. Ideologien sind artikulierte Gedankensysteme zur Veranschaulichung einer im Grunde willkürlich gesetzten Idee, oft auch ›Postulat‹ genannt. Auch sie entlasten den Menschen von permanentem Entscheidungsdruck. Aufwendige Debatten finden nicht mehr statt.

Für individuelle Sozialisationsprozesse aber sind wahrscheinlich konkrete Bezugspersonen die wichtigste Orientierungsinstanz. Menschen ohne allzu großes Abstraktionsvermögen neigen verständlicherweise dazu, sich im Denken und Handeln an Idolen und Leitfiguren (nicht: Leitbildern) zu orientieren. So entsteht ein stark hierarchisch-autoritär geordnetes Sozialverhältnis hoher Stabilität.

Und um die Sache vollständig zu machen, sollten wir die ›normative Kraft des Faktischen‹ nicht außer Acht lassen. Nach Immanuel Kant schafft das Sein zwar kein Sollen, aber was ist, wenn das Sollen, z. B. durch Internalisierung und Empathie, bereits Teil des Seins geworden ist?

Na bitte: Von Tatsachen gehen also auch oft starke Impulse auf das Verhaltenssteuerungssystem des Menschen aus, innerhalb dessen diese Handlungsreize dann zwar nicht zu sozialen Normen, sehr wohl aber zu genormtem Verhalten führen.

Die erste Frage, die ich im Rahmen meines Studiums zu beantworten hatte, war die, warum die Menschen überhaupt Wissenschaft betreiben. Das war eine gute Frage, aber die Antwort war schnell gefunden: Sie sind neugierig.

Auf mich selbst bezogen bedeutete dies, eine ehrliche Antwort auf die Frage zu geben: Bin ich wirklich gierig danach, im Bereich der gesellschaftlichen Zustände und Abläufe Neues zu erfahren und zu entdecken? Die Antwort war: ja! Und so fand ich schnell heraus, worin meine ganz persönliche Motivation für das Soziologie-Studium bestand.

Mit meinen gleichgesinnten Schicksalsgenossen war ich mir ziemlich sicher: Wir schaffen die Kriege ab; wir beseitigen Armut, Not und Unterdrückung; wir sorgen für Gerechtigkeit in allen Lebensbereichen. Und das alles weltweit, gleichzeitig und für immer. Ich traf kaum Mitmenschen, die irgendwelche Einwände gegen diese Zielsetzungen hatten. Zustimmung von allen Seiten. Also müsste dies doch in wenigen Semestern zu machen sein. Es ist eben eines der Privilegien der Jugend, genau zu wissen, was man nicht will, bevor klar wird, was man will.

Leider hatte ich einen wichtigen Umstand dabei nicht berücksichtigt. Viele Menschen erwiesen sich nämlich als viel aufklärungsresistenter, als ich mir das vorgestellt hatte. Ignoranz kann ja so hartnäckig sein!

Und noch etwas kam hinzu: Meine – altersgemäß korrekte – extrem idealistische Grundhaltung hinderte mich immer wieder daran, das Böseste zu denken, das Falscheste nachzuvollziehen und das Gemeinste als solches zu erkennen. Denkprozesse verlaufen anscheinend nicht immer geradlinig.

Und wieder begann ich zu lernen: Die stärkste aller Mächte ist offensichtlich doch nicht die rationale Aufklärung, sondern die erstaunlich weit verbreitete Dummheit. Also musste ich gegen die Dummheit kämpfen, gegen meine eigene und gegen die der anderen. Vielleicht sollte ich doch der Einfachheit halber lieber gleich Soziologie-Professor werden? Die Sache wurde immer verzwickter, aber auch aufregender.

Denn schließlich: Wozu sind Probleme da? Um gelöst zu werden, wozu sonst? Also lösen wir sie!

Die Methode des Ausprobierens ist ja eigentlich die naturwissenschaftliche Praxis der kleinen Schritte. Ihr liegt die Annahme zugrunde, dass das Wissen grundsätzlich akkumulativ vermehrbar sei, dass aber auch parallel dazu der Bereich des Nicht-Gewussten, der neuen, unbeantworteten Fragen, überproportional wächst. Dieser zweite Teil wird oft vergessen – ein verhängnisvoller Fehler! Je mehr wir wissen, umso mehr neue Fragen tauchen auf. Je klüger wir sind, umso deutlicher erfahren wir die Begrenztheit unseres Wissens.

Diese positivistische Art, Probleme zu lösen, steht ganz in der Tradition des alten, von René Descartes (1596 – 1650), dem altgedienten Rationalisten, propagierten Ideals einer allumfassenden Einheitswissenschaft. Das ist das, was wir heute ›Wissenschaftstheorie‹ nennen, die Metatheorie, die Wissenschaft von der Wissenschaft.

Seinen Problemcharakter bezieht eine Erscheinung dabei aus dem tatsächlich empirisch Festgestellten (E) und der aufgrund der immer unvollständig bleibenden Summe allen bisher erworbenen Wissens formulierten Erwartung, dem bisherigen Wissensstand (W) zum gleichen Thema. Sodann wird nach allen Regeln der deduktiven Logik ein Lösungsvorschlag (L) entwickelt, der dann seinerseits mit allen Mitteln der rationalen Kritik (K) bearbeitet wird.

Und dann kommt eine Überraschung: Das erklärte Ziel ist dabei nämlich immer die Falsifizierung der Lösungsidee. Kritik soll also immer zur Widerlegung, nie zur Bestätigung eines einmal formulierten Satzes dienen. So gesehen führt uns die Wissenschaft eben nicht auf direktem Weg zur Wahrheit (wie manche Zeitgenossen heute noch glauben), vielmehr entsorgt sie zunächst einmal all jenen Müll, der uns auf unserem Weg immer wieder begegnet und behindert. Je mehr Falsches wir als unbrauchbar aussortieren können, umso freier wird der Weg zum Richtigen.

Eine einfache Frage: Wie haben die Menschen früherer Epochen denn eigentlich Lernfortschritte erzielt? Die Antwort ist ebenso einfach: Sie haben vom positiven oder negativen Resultat ihrer Handlung zurückgeschlossen auf die Brauchbarkeit bzw. Nützlichkeit der verwendeten Methode. Aus der Erkenntnis, einen Fehler begangen zu haben, entwickeln wir eine Vermeidungsstrategie für die Zukunft. Der Lerneffekt tritt also über den Negativfall ein. Das Ziel ist nicht, etwas richtig zu machen, sondern Fehler zu vermeiden.

Und wie im Leben, so ist es auch in der Wissenschaft: Hält ein vorgeschlagener Lösungsversuch der Kritik nicht stand, so wird er gnadenlos als unwissenschaftlich ausgesondert und ein neuer Vorschlag tritt an seine Stelle, der dann genauso bearbeitet wird. Dieser Vorgang wiederholt sich so oft und lange, bis ein Vorschlag zur Lösung des Ausgangsproblems gefunden ist, der alle rationalkritizistischen Falsifizierungsbemühungen ›überlebt‹. So entstehen brauchbare Antworten (A) und diese werden dann dem bisherigen Wissensstand hinzugefügt.

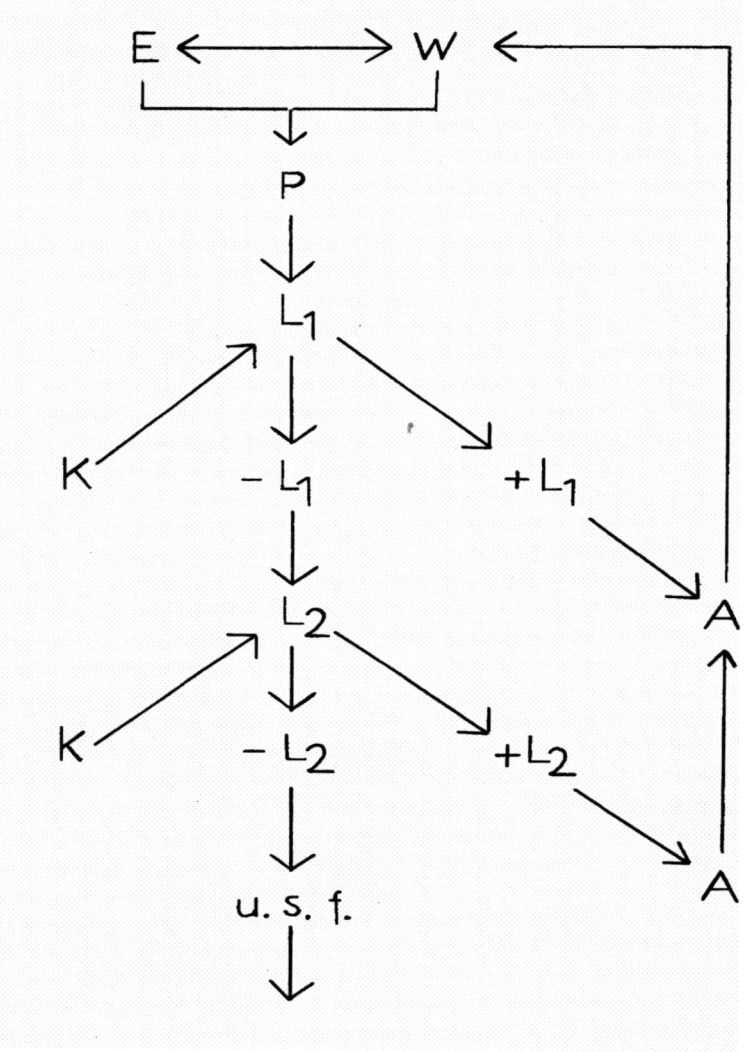

Die Pädagogik weiß seit mindestens 120 Jahren, dass der stärkste Lerneffekt immer dann eintritt, wenn wir sinnliche Erlebnisse haben und nicht, wenn wir nur darüber reflektieren: ganzheitliche Betroffenheit. Diese uralte Erkenntnis schlägt sich bei uns oft leider nur noch in den Kindergärten nieder, obwohl sie im Grunde altersunabhängig gilt.

Wir Erwachsenen leisten uns diese Lernform meistens nicht mehr, weil wir Angst davor haben, Fehler zu machen und so soziale oder materielle Nachteile zu erleiden.

Das alles ist in Wirklichkeit viel einfacher, als es zunächst den Anschein hat. Denn dieses Verfahren ist gekennzeichnet von formaler Klarheit, aber auch einer ebensolchen Starrheit. Genialistische Improvisationskünstler und populistische Wirrköpfe haben hier keine Chance.

Natürlich waren alle neuen Informationen, die auf mich einstürmten, zunächst ungeordnet und unbewertet. Aber recht bald lernte ich eine völlig neue Form des Lernens kennen. Nach dem ›trial-and-error‹ und der Imitation entdeckte ich nun das ›Rationalitätslernen‹, was mir sehr gefiel. Es hatte einen gewissen Charme. Es verhielt sich zu den anderen Lernformen etwa so wie ein schickes Sportcabriolet zu einer Oldtimer-Sammlung vor sich hin rostender Rasenmäher.

Wozu sollte dem Menschen die Gabe der Abstraktion und der verstandesmäßigen Durchdringung relevanter Sachverhalte denn gegeben sein, wenn nicht dazu, immer mehr zu verstehen, also zu lernen. Also entschloss ich mich, ›Rationalist‹ zu werden, was eigentlich nichts anderes bedeutete, als meinen Verstand einzusetzen, um mein Leben zu ordnen und zu managen. Ich versuchte immer wieder, über die Rationalität zu handlungsleitenden Einsichten zu gelangen, in dem Bemühen, das, was zu tun ist, richtig zu machen.

Auch fand ich es Klasse, dass ich das einfach so für mich entscheiden konnte, ohne irgendjemanden um Erlaubnis zu bitten oder irgendwo einen diesbezüglichen Antrag stellen zu müssen. Selbst getroffene Entscheidungen machen viel mehr Spaß als Nachplappern. Also möchte ich ab jetzt gerne als ein eigenverantwortlicher Rationalist angesehen werden.

Die anfänglichen Unklarheiten konnten so bald beseitigt werden. Nach zwei Semestern hatte ich den totalen Durchblick, zumindest subjektiv. Für alles Übel in der Welt waren demnach zwei Faktoren zu etwa gleichen Teilen verantwortlich: die Gesellschaft und der Kapitalismus. Das war's. Und ich fragte mich, was denn nun noch kommen sollte. Schon bald aber merkte ich, dass die Sache so einfach nun doch nicht war.

Denn ich traf auf einen mir bis dahin unbekannten Typus von Mitmenschen. Sie erklärten mir tatsächlich einleuchtend, dass es höchst verdächtig sei, wenn ich mir einbildete, etwas vorher Unklares nunmehr zu verstehen. Darin würde sich ja lediglich die weltumspannende Arroganz des Wissens äußern und ich würde mich unsolidarischerweise über die anderen erheben und die Schicksalsgemeinschaft von Arbeiterschaft und Intelligenz verlassen, ohne wirklich im Besitz von Produktionsmitteln zu sein. Da war ich natürlich zutiefst erschrocken.

Weder wollte ich arrogant noch unsolidarisch sein und all das war mir natürlich höchst peinlich. Dennoch konterte ich diese Argumentation mit meinem eigenen Beispiel: Bei einer Körpergröße von lediglich 169 Zentimetern werde ich – im Falle des Regens – ja auch deutlich messbar später nass als andere Menschen. Wir sind nun mal nicht alle gleich!

Nicht alle meine Zeitgenossen verstanden diese Metapher auf Anhieb und ich konnte so nur einen Teil meiner Kommilitonen überzeugen, dennoch blieb ich bei meinem grundsätzlichen Plädoyer für die ›Ungleichheit unter den Menschen‹ (Ralf Dahrendorf).

Nur wer weiß, was Krankheit bedeutet, kann das Glück ermessen, gesund zu sein, und Armut ist erst dann anschaulich vorstellbar, wenn Klarheit darüber besteht, was wirklicher Reichtum ist.

Das Denken in Gegensätzen ist Voraussetzung für die Erlangung kontrastreicher Erkenntnisse. Und daher sind die Klugen in gewissem Sinne durchaus auf diejenigen, die lebenslang nicht aus dem geistigen Stimmbruch herauskommen, die Dummen also, angewiesen, um sich selbst als klug zu definieren.

(Für Insider: Es lohnt sich doch immer wieder aufs Neue, die ›Thesen über Feuerbach‹ von Karl Marx zu studieren.)

Nun sind wir eigentlich gut gerüstet, einen idealtypischen Sozialisationsprozess wirklich zu überschauen. Also machen wir das jetzt einmal:

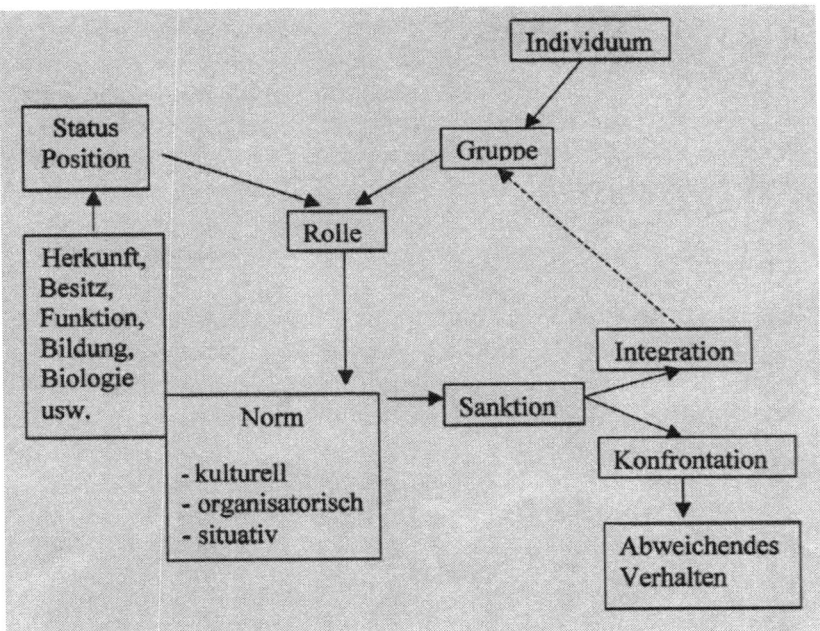

Jedes Individuum spielt (besser: lebt) im Rahmen seiner jeweiligen Bezugsgruppen ihm zugewiesene oder von ihm selbst erworbene Rollen, die er auf der Basis seines sozialen Status (= bewertete Position) einnimmt. Für die Ausgestaltung des Status können die unter-schiedlichsten Faktoren in verschiedenen Kombinationen ursächlich sein, zum Beispiel die soziale Herkunft, der materielle Besitz, berufliche Funktionen, erworbene Bildungsabschlüsse oder biologische Konstanten. Inhaltlich wird jede Rolle anhand der für sie entwickelten Normen überprüft. Dieses geschieht regelmäßig auf kultureller, organisatorischer und situativer Ebene.

Erstens:

Kulturnormen zeichnen sich durch eine stabile, langfristige, oft über Jahrhunderte andauernde Geltung aus. Sie basieren auf einem oft unausgesprochenem gesamtgesellschaftlichen Konsens. In der Regel ist es wirkungslos, sie in Frage zu stellen. So sind zum Beispiel alle traditionellen, rituellen, von Sitte und Brauchtum bestimmten Verhaltensweisen weitgehend kritikresistent.

Ein in diesem Zusammenhang gern verwendetes und absolut unschlagbares Argument ist: Das war schon immer so! Solche ›Totschlag-Argumente‹ haben auch früher schon das Ende jeder Wissenschaftlichkeit signalisiert. Einer Reflexion bedarf es hier nicht mehr. Gesunder Menschenverstand genügt.

Zweitens:

Organisatorische Normen gelten und wirken immer nur innerhalb klar definierter struktureller Zusammenhänge, außerhalb deren sind sie bedeutungslos. So gelten die Vorschriften für das Abitur zum Beispiel nur an Gymnasien, nicht aber für Auszubildende im Bereich des Garten- und Landschaftsbaues. Sie basieren auch nicht auf gesamtgesellschaftlichen Übereinstimmungen, sondern in der Regel auf Rechtsnormen oder sonstigen verbindlichen Vorschriften, wie z. B. Studienordnungen.

Drittens:

Schließlich gibt es noch die situativen Normen, die nur in bestimmten, oft auch sehr kurzfristig auftauchenden Situationen (z. B. Unfällen und anderen nicht erwartbaren Ereignissen) ihre Wirkung zeigen. Treten derartige Zustände nicht ein, sind die dazu gehörigen Normen unwichtig. So ist der subjektiv empfundene Imperativ, ein in das Eis eingebrochenes Kind zu retten, nur dann von Bedeutung, wenn das Unglück tatsächlich passiert und der potenzielle Retter auch vor Ort ist.

Die Konfrontation konkreten Rollenverhaltens mit den zur Bewertung herangezogenen Normen führt zu positiven oder negativen Reaktionen für den Rollenträger, je nachdem zu welcher Wertung seine Bezugsgruppe kommt. Belohnungen, Bestrafungen, Sanktionen, ganz einfach. Das Resultat ist entweder die (Re-)Integration in die Ausgangssozialität oder die Konfrontation mit derselben.

Letztere führt zu den verschiedensten Phänomenen abweichenden Verhaltens, die uns immer auf misslungene Sozialisationsprozesse hinweisen.

So weit die Theorie, oder besser: die eine Theorie. Wir sollten nämlich nicht verschweigen, dass man Soziologie auch ganz anders betreiben kann.

Achtung! Jetzt wird es ein wenig anspruchsvoll. Es war vor etwa vierzig Jahren. Da passierte Unerhörtes. Die Soziologie hatte sich gerade halbwegs von den Folgen des Zweiten Weltkrieges erholt, da wurde sie durch eine neue Kontroverse schwer erschüttert, dem so genannten ›Positivismusstreit in der deutschen Soziologie‹. Im Gegensatz zu heute damals in aller Munde (und in allen Köpfen), war dies eine wichtige historische Phase in der Geschichte dieser liebenswerten Wissenschaft.

In der Zeit vor und während des Krieges war die Soziologie in Deutschland praktisch auf Eis gelegt, sie war politisch unerwünscht und fand eigentlich nicht statt. Dass ihr deshalb zwölf bis fünfzehn Jahre ihrer eigenen Geschichte fehlen, merkt man zum Teil heute noch.

Doch nun wurde wirklich wieder erbittert um die wahre Erkenntnis gerungen. Es traten an: Unter Führung von Theodor W. Adorno die ›Frankfurter Schule‹ gegen die ›Neopositivisten‹ mit ihrem geistigen Führer Karl R. Popper. Sie bekämpften sich mit allen erlaubten und unerlaubten Mitteln. Die Regeln intellektueller Rationalität und Redlichkeit wurden kaum noch eingehalten. Neutralität war schon Verrat, man hatte sich gefälligst zu entscheiden. Und zwar für die Richtigen.

Aber wer waren denn bitte die Richtigen? Alle droschen verbal aufeinander ein. Was aber hatte sie denn alle so aufgebracht, dass die Emotionen überschwappten und schließlich keinerlei Kompromiss mehr möglich erschien? Schauen wir doch einmal genauer hin.

Es ging zunächst einmal um die Zulässigkeit wertender Aussagen als soziologisch-wissenschaftlich. Ganz deutlich wird das bei der Verwendung des Begriffes ›Kritik‹. Bei Adorno meint ›Kritik‹ die Entfaltung der in der Gesellschaft angelegten Widersprüche durch deren Erkenntnis, welche sich als ›kritische Theorie der Gesellschaft‹ niederschlägt. Aus neopositivistischer Sicht hingegen bezeichnet ›Kritik‹ den Mechanismus der vorläufigen Bewährung allgemeiner Sätze der Wissenschaft schlechthin. Das ist natürlich etwas ganz anderes.

Wie sollte da über den von beiden Seiten gestellten Wahrheitsanspruch entschieden werden? Hier kämpften also eigentlich eine Gesellschaftswissenschaft gegen eine wissenschaftliche Methodenlehre. Das konnte ebenso wenig gut gehen, als wenn eine Fußballmannschaft gegen ein Basketballteam antritt und man sich nicht über die Sportart und die dazugehörigen Spielregeln einigen kann.

Und so ging es munter weiter: Die Vertreter der ›Frankfurter Schule‹ bestritten grundsätzlich die Unterscheidbarkeit von Seins- und Sollensaussagen. Damit wurde aus der guten alten Soziologie eine politische Normenlehre. Völlig konträr argumentierten – ganz in der Tradition Max Webers – die Neopositivisten: Natürlich dürfte der Soziologe als ein politisches Wesen ideologische Aussagen machen und subjektive Meinungen proklamieren. Er solle es allerdings gefälligst unterlassen, so etwas dann als Wissenschaft zu bezeichnen. Das Seiende sei eben etwas ganz anderes als das Sollende.

Und ganz schlimm wurde die Auseinandersetzung, als es um den Begriff des Fortschrittes ging. Hier krachten absolutistische und relativistische Positionen unversöhnlich aufeinander; Frontalzusammenstoß mit Totalschaden. Fortschritt ist für Adorno und seine Anhänger nur möglich als Totalität, als etwas Absolutes. Gesellschaftlicher Wandel muss als eine Umwertung aller Werte, als ein qualitativer Bruch mit der Vergangenheit verstanden werden.

Der Neopositivismus hingegen geht den Weg der kleinen Schritte, die Wahrheit ist nichts Absolutes, sie ist der Weg, nicht das Ziel. Die konsequente Anwendung dieser Methode der Wahrheitsapproxima-

tion führt zu relativen Verbesserungen der Erkenntnislage und ist ein ontologisch unendlicher Prozess.

Man wird es sich wahrscheinlich schon denken können: Der Positivismusstreit in der deutschen Soziologie ist letztlich nie entschieden worden, von wem auch? Es gab keinen Schiedsrichter. Es gab auch keinen Kompromiss. Soziologisch betrachtet war die Kontroverse eher künstlich. Die zentralen gesellschaftlichen Probleme der Zeit konnten so jedenfalls nicht gelöst werden, obwohl doch wohl genau das die eigentliche Aufgabe der Soziologie sein sollte, oder? Sie beschäftigte sich in dieser Zeit weitgehend mit sich selbst.

Die realen Probleme aber gab es in der Bildungspolitik, der Wirtschaft und der aufkommenden Debatte über ökologische Fragen. Die Soziologie hatte sich ja immer schon selbst als eine ›Krisenwissenschaft‹ verstanden, nun aber steckte sie selbst mittendrin in der wahrscheinlich schwersten Krise ihre relativ kurzen Geschichte.

Das gilt zumindest für Deutschland. In den USA und anderen Ländern, in denen natürlich auch immer schon soziologisch gearbeitet wird, interessierte sich kaum jemand für diesen Crash.

Und wie das im Leben oft ist: Wenn beide meinen, gewonnen zu haben, freut sich am Ende der Dritte. Und das war in diesem Fall die neu aufkommende funktionale Systemtheorie mit ihrem ›Kopf‹ Niklas Luhmann, der seinen ebenbürtigen Kontrahenten sehr bald in Jürgen Habermas fand. Und das Spiel begann mit neu aufgestellten Mannschaften von vorne. Die Champions-League der Soziologie ging in eine neue Saison und sehr bald wusste kaum noch jemand, wer eigentlich beim letzten Mal gewonnen hatte.

Mit einem gewissen zeitlichen Abstand ist in der Tat kaum noch erkennbar, warum die Wogen damals so hoch gingen und warum sich die Kontrahenten so unversöhnlich gegenüberstanden. Und die erhitzten Gemüter haben sich dann später auch wieder abgekühlt – schon altersbedingt.

Aber ich denke, genau dies macht den Fortschritt innerhalb einer Wissenschaft aus: dass wir uns nämlich nicht mit Höflichkeiten überschütten und Verständnis für alles und jeden haben. Es ist nötig, das Falsche auch so zu bezeichnen und zu behandeln. Nicht jeder Unfug ist zulässig, und sich über den besten Weg zu streiten, kann ja auch Spaß machen. Vorausgesetzt, dies passiert im Rahmen einer akzeptablen Streitkultur.

Auch auf die Gefahr hin, lästig zu erscheinen: Der Vollständigkeit halber muss schließlich noch hinzugefügt werden, dass es auch noch andere Soziologen gab, die sich aus diesem Streit völlig heraushielten und ihren eigenen, ganz anderen Weg gingen.

Das waren zum Beispiel diejenigen, die auf die Hermeneutik setzten: Sie beschäftigten sich vornehmlich mit der Sinnerfassung (Interpretation) aus so genannten Artefakten, z. B. alten Akten, Kunstwerken oder archäologischen Funden. Diese Methode ist uralt und geht auf Wilhelm Dilthey zurück, der bereits in der zweiten Hälfte des 19. Jahrhunderts eine umfassende Methodik des rekonstruktiven Nachvollzuges entwickelt hatte. Insbesondere die nicht dogmatische Hermeneutik ist uns bis heute recht hilfreich beim Verstehen von Sinnhaftigkeiten immer dann, wenn die betreffenden Menschen den von ihnen subjektiv gemeinten Sinn ihrer Handlungen (vgl. Max Weber) nicht mehr selbst äußern können oder wollen.

(Für Insider: Die ›Dogmatische Hermeneutik‹ ist zwar auch interessant und wichtig, aber soziologisch weniger spannend.)

Wir alle sind Ausländer, fast überall. Goethe hat einmal gesagt: Reisen bildet. Sicherlich ist dies eine jener klassischen, zum Sprichwort gewordenen Formulierungen, die viel mehr Sinn beinhaltet, als man auf Anhieb denken mag.

Gerade im letzten Teil der primären und zu Beginn der sekundären Sozialisationsphase haben wir genügend Auffassungs- und Verarbeitungskapazitäten, das Fremdartige hinreichend spannend zu finden, um uns damit zu beschäftigen und die gesammelten Eindrücke einigermaßen vorurteilsfrei verarbeiten zu können. Dazu gehören natürlich Fremdsprachenkenntnisse und ein Basiswissen über andere Kulturen. So erlernt man Toleranz.

Und all dies ist nur zu ganz kleinen Teilen medial vermittelbar, so etwas funktioniert richtig nur live und im Original in der Kommunikation und Konfrontation mit dem Fremdartigen, am besten eben auf Reisen. Bildung basiert auf Information und Erfahrung. Beides bekommt man auf Reisen. Da hat Goethe Recht.

Hinzu kommt, dass man im Ausland als Repräsentant betrachtet wird, ob man will oder nicht. Man wird zum Meinungsmultiplikator; man wird ›pars pro toto‹ genommen. Man prägt mit seinem Verhalten z. B. das Bild ›der Deutschen‹ im Ausland. Das erhöht natürlich die Verantwortung für alles, was man tut und sagt. Insofern haben auch Individualreisen eine soziale Dimension und das ist das soziologisch Bedeutsame daran.

Herbert Wehner, einer der großen alten sozialdemokratischen Politiker der Nachkriegszeit hat einmal, als die Oppositionsabgeordneten aus Protest gegen irgendetwas das Plenum verlassen hatten, gesagt: ›Wer rausgeht, muss auch wieder reinkommen.‹ Ganz einfach.

Auch ich bin schon immer gerne weggefahren und gerne wiedergekommen. Wiederkommen kann man aber nur, wenn man vorher weggefahren ist. Schon als Schüler habe ich angefangen, etliche Länder Europas zu bereisen, später dann auch Nordamerika, Afrika, Teile Asiens und Australien. Meine dabei gesammelten Erfahrungen haben zweierlei bewirkt.

Erstens ist mir dabei immer klarer geworden, dass andere Lebensformen und Kulturen mindestens die gleiche Berechtigung haben wie meine und zweitens habe ich gelernt, dass der wertfreie Austausch zwischen dem Fremden und dem Gewohnten sehr spannend, lehrreich und absolut notwendig ist, um ein friedliches Nebenund Miteinander zu erreichen und zu stabilisieren. Gewalttätige Auseinandersetzungen beginnen immer dort, wo Information fehlt und wo Kommunikation nicht mehr funktioniert.

Wollen, Sollen und Können: Lernen

Ich habe so viel Dummheit erlebt, dass ich mit dem Ignorieren bald gar nicht mehr nachgekommen bin.

Inzwischen ist es mir klar geworden: Immer dann, wenn das Wollen, das Sollen und das Können weit genug auseinander driften, entsteht die Notwendigkeit des Lernens.

Es gibt kaum etwas Lästigeres als jene Zeitgenossen, die immer genau das tun wollen, was sie überhaupt nicht können. Ähnlich nervig sind aber auch die, die das, was sie können, nicht wollen und sich der Sache und / oder der Gemeinschaft permanent verweigern.

Der gute Wille allein genügt also nicht, er versetzt auch keine Berge. Dazu braucht man schon jede Menge Fachkenntnisse und schweres Gerät.

Die große Kunst des Lernens und des Lehrens besteht also gerade darin, das Wollen, das Sollen und das Können zur Deckung zu bringen. Im Idealfall bedeutet dies: Exakt das, was ich soll, ist auch das, was ich will, und das, was ich am besten kann.

Aber Vorsicht, die Gefahr des Selbstbetruges droht! Dieser Zustand ist nämlich recht leicht herzustellen, wenn ich darauf verzichte, ein bestimmtes Leistungsniveau zu erreichen. Am glücklichsten wäre dann der, der nichts kann, von dem nichts erwartet wird und der keinen eigenen Willen hat. Das wäre ja pervers.

In Wahrheit muss mein Ziel natürlich lauten: Auf möglichst hohem, anspruchsvollem Niveau das Wollen, Sollen und Können zu synthetisieren, das heißt in diesem Fall: zur Deckungsgleichheit zu bringen.

Folglich mache ich mich einmal auf den Weg. Als Erstes brauche ich ein Motiv, ohne Motivation geht gar nichts!

Dafür gibt es im Grunde nur zwei verschiedene Quellen: den Stress (das Prinzip der Notwendigkeit) und den Spaß (das Lustprinzip). Beide funktionieren recht gut, bis sie schließlich kontraproduktiv werden, wenn man es übertreibt. Auch hier entscheidet die Dosis darüber, ob eine Medizin gesundheitsfördernd oder aber lebensbedrohlich ist. Übertriebener Stress lähmt und führt zur Leistungsunfähigkeit und übertriebener Spaß ist zwar lustig, aber nicht erfolgsorientiert.

Stress und Spaß sind in diesem Fall beide kein Selbstzweck, sondern Werkzeuge zum Erfolg, wenn sie in der jeweils richtigen Dosierung eingesetzt werden. Hier eine gesunde Balance zu finden ist Voraussetzung für jede Art von Leistung und sie ist der Schlüssel für jeden Erfolg. Als unser Freund dies erkannt und internalisiert hatte, fiel ihm vieles leicht, was früher anstrengend und belastend war.

So ein Studium der Soziologie hat doch wirklich mehrere höchst angenehme Aspekte. Zunächst einmal ist es nicht wirklich schwierig. Wenn man einmal die Technik beherrscht, unangenehme Fragen als so nicht zulässig zu diskreditieren anstatt sie zu beantworten, kann einem eigentlich nicht mehr viel passieren.

Das Motto ist, wie alles Geniale, ganz einfach: Ich bin dagegen! Nächste Frage: Worum geht es eigentlich? Außerdem: Entweder sind die Soziologen sich in allen wesentlichen Fragen sowieso einig – oder sie sprechen gar nicht mehr miteinander: Höflichkeit bis zur Selbstverleugnung oder generelle Diskursunfähigkeit als Grundprinzip. Ein ziemlich blödes Spiel, wie ich finde!

Aber der zweite Aspekt ist vielleicht noch viel wichtiger: Die Soziologie (oder vielleicht auch nur der Soziologe?) hat offensichtlich eine enorme Anziehungskraft auf das weibliche Geschlecht, besonders auf den blonden Teil desselben. Und so gibt es eine Vielzahl von Individual-Exemplaren besagten weiblichen Geschlechtes, die ziemlich eindeutig in mein Beuteschema passen. Also gehen wir doch auf die Jagd!

Daher beschloss ich, die nächsten beiden Semester mit der Beantwortung der Frage zu verbringen, woran es wohl lag, dass ich, rein äußerlich wahrhaftig mit höchstens durchschnittlicher Attrak-

tivität ausgestattet, auf diesem Gebiet auf Anhieb bei meinen Kom-
militonen Neid verursachenden Zwischenergebnisse erzielte.

Ungewollt und ungeplant galt ich nach einiger Zeit als ausgewie-
sener ›Frauenversteher‹, später auch ›Frauenflüsterer‹ genannt. Der
Kombination ›Frauenversteher‹ und ›Soziologie-Student‹ wurde
offensichtlich eine Attraktivität zugeschrieben, die kaum zu über-
treffen war. Die Kombination ›Macho‹ und ›Archäologie-Student‹
hatte da natürlich überhaupt keine Chance. Ich hatte das so nicht
erwartet, empfand es als Kollateraleffekt des Studiums aber als
recht angenehm.

Inzwischen hatte ich die verschiedenen empirischen Erhebungstech-
niken (Beobachtung, Befragung, Test und Experiment) fleißig stu-
diert und wusste sie zu unterscheiden und anzuwenden, privat und
beruflich.

Hierbei handelt es sich um jenen Katalog von Techniken der empirischen Sozialforschung, die zum unverzichtbaren Handwerkszeug
eines jeden Soziologen gehören:

1. Beobachtungen

Je nach Fall, Beobachtungsgegenstand und Erkenntnisziel ist hier
zwischen der teilnehmenden und nicht-teilnehmenden Beobachtung zu unterscheiden.

2. Befragungen

Befragungen können mündlich oder schriftlich, standardisiert oder
frei formuliert durchgeführt werden (Interview). Auch hier entscheidet die Zielgruppe mit ihren Besonderheiten über die einzu-
setzende Methode, nicht etwa die Willkür des Forschers.

3. Tests

Im Gegensatz zu Beobachtungen und Befragungen wird hier
absichtlich in das zu untersuchende Geschehen eingegriffen, um

den Einfluss einzelner Faktoren bestimmen zu können. Es wird also ›ceteris paribus‹, das heißt: unter ansonsten unveränderten Bedingungen, gearbeitet.

4. Experimente

Experimente finden als Einzelfalluntersuchungen in der Isolation eines Labors statt. Sie sind oft aufwendig, entsprechend teuer, aber genau nachvollziehbar und kontrolliert.

Damit wurden auch die Zusammenhänge zwischen der induktiven und der deduktiven Vorgehensweise zwecks Erkenntnisgewinnung (E) klar. Später fand ich bei Henry de Saint-Simon eine prägnante Zusammenfassung der positivistischen Philosophie schlechthin: ›voir pour prévoir, prévoir pour pourvoir‹.

Induktionen basieren immer auf empirisch erfassbaren Daten, die durch Verallgemeinerungen zu rationalen Grundsätzen ›komprimiert‹ werden (vom Besonderen zum Allgemeinen). Die Deduktion geht den umgekehrten Weg. Hierbei werden aus allgemeingültigen Sätzen Erkenntnisse für den Einzelfall abgeleitet (vom Allgemeinen zum Besonderen).

Letztlich entschied ich mich in meinem Fall der näheren Erkundung des Verhältnisses der beiden Geschlechter zueinander doch wieder einmal für ›learning by doing‹. Schließlich war die Soziologie ja auch eine Erfahrungswissenschaft. Und das war gut so; denn was es hier zu lernen gab, das war mit keiner noch so gut gemeinten Fragebogenaktion, mit keinen Tests oder Experimenten zu erfahren. Also kam hier eigentlich nur die Methode der ›teilnehmenden Beobachtung‹ in Frage.

Folglich nahm ich also teil, das heißt, ich ließ mich auf das Abenteuer ein, die Spezifika des anderen Geschlechtes zu erkunden.

Da ich diesen Lernprozess als recht angenehm empfand, dehnte ich ihn über mehrere Jahre aus. Ich hatte da keine Eile. Zeitweise war ich auf dem besten Wege, so eine Art soziologischer ›womanizer‹, beziehungsweise ein ›Mini-Latin-Lover‹ der Sozialwissenschaft zu werden.

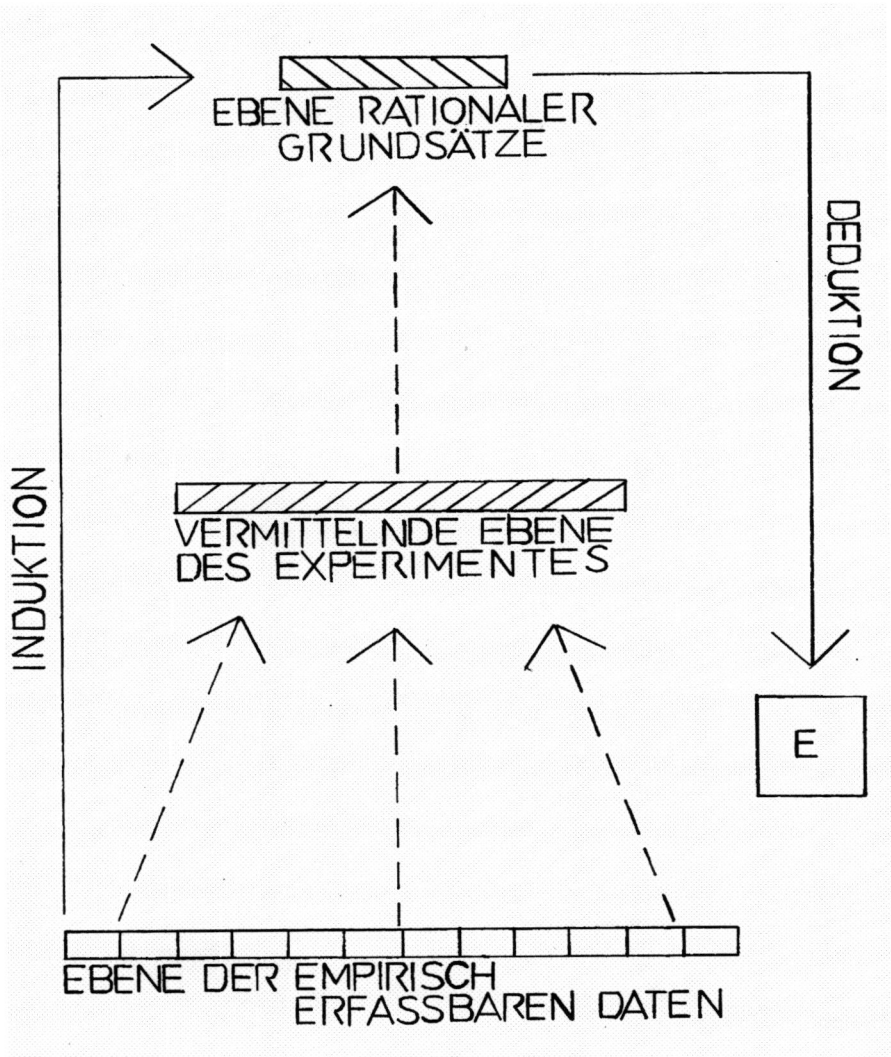

EBENE RATIONALER
GRUNDSÄTZE

DEDUKTION

INDUKTION

VERMITTELNDE EBENE
DES EXPERIMENTES

E

EBENE DER EMPIRISCH
ERFASSBAREN DATEN

Doch letztlich bewahrte mich dann doch ein gütiges Geschick vor dieser Karriere. Zu vieles sprach dagegen, vor allem ich selbst.

Aber man wird es wohl zugeben müssen: Die Menschen – und ich natürlich auch – machen schon unglaublich viel falsch. Das hat aber auch den großen Vorteil, dass wir so die besten Lernchancen haben, vorausgesetzt, wir erkennen unsere Fehler auch als solche.

Ehrlichkeit ist allen Fortschritts Anfang. Fehler machen ist nicht schwer, daraus lernen aber sehr! Aber nicht einmal eine so einfache Erkenntnis ist überall verbreitet; schade, schade!

Es hilft nichts: Eine Soziologie, die sich nicht um ihre anthropologischen Grundlagen kümmert, ist zum Scheitern verurteilt. Also kümmern wir uns:

Nun wissen wir – spätestens seit Max Weber – dass es objektive Wissenschaftlichkeit gar nicht gibt. Und so kommt, was kommen musste: Wir haben es mit ebenso vielen anthropologischen Grundpositionen (oft mit Postulatscharakter) zu tun, wie es Möglichkeiten von Problemlösungen im Bereich individueller und sozialer Lebenswirklichkeiten gibt.

Wir Menschen sind individuelle und soziale Wesen zugleich. Wir haben zwar sehr viele unterschiedliche Fähigkeiten, aber so richtig gut können wir eigentlich nichts. Gattungsmäßig sind wir biologische Mängelwesen. Wir sind im Laufe der Evolutionsgeschichte zu Generalisten geworden. Und heute sind wir eben auf unsere eigene Unspezialisiertheit spezialisiert. Wir sind vollkommen unvollkommene Wesen.

In vielen Bereichen der Tierwelt finden wir erheblich eindrucksvollere Leistungen in Bezug auf das sinnliche Wahrnehmungsvermögen, die physische Körperkraft, die Bewegungsgeschwindigkeit oder auch die Leistungsdauerhaftigkeit, als der Mensch sie aufweist.

Raubvögel fänden unsere Sehfähigkeit vergleichsweise erbärmlich und wenn ein Delphin einen Menschen im Wasser sieht, muss er eigentlich Mitleid bekommen und der Geruchssinn eines jeden Haushundes ist um ein Vielfaches besser entwickelt als bei uns.

Wir managen unsere Handlungen nicht mehr primär mit Hilfe

von Instinkten und Reflexen wie die Tiere. Wir benötigen aufwendigste Maschinen, um uns in der Luft oder unter Wasser fortzubewegen.

Auf der anderen Seite haben wir im Laufe der Evolution ein engmaschiges Netz von Ritualen, Rechtsnormen und Konventionen entwickelt, das uns zu einer gewissen Handlungssicherheit verhilft, die wir brauchen, um uns zu Recht als ›Kulturwesen‹ bezeichnen zu können.

Allerdings ist das so entstandene System höchst störanfällig. Kriminalität, Naturkatastrophen, ökologischer Raubbau und Kriege sind nur einige Beispiele für massive Betriebsstörungen innerhalb dieses Systems.

So sind wir zu Spezialisten für das Allgemeine geworden und insofern zu ›Philosophen‹. Das macht uns im Gesamtzusammenhang der Natur ebenso dominant wie gefährlich. Da hat Arnold Gehlen sicherlich Recht. (Sein Buch ›Der Mensch‹ lohnt allemal die Lektüre.)

Und schließlich ist der Mensch als einziges Lebewesen dazu fähig, sein Sein mittels Glaubensinhalten zu transzendieren. Das bedeutet, dass ihm nicht nur seine Vernunftbegabung (vgl. Immanuel Kant) und ein Rest angeborener Instinktstrukturen als Steuerungsinstrumente für sein Verhalten zur Verfügung stehen. Als eine weitere entscheidende Orientierungsinstanz kommt hier die Glaubensfähigkeit, in christlicher oder anderer Ausprägung, des Menschen hinzu.

Hieraus ergibt sich für jede anthropologisch fundierte Soziologie jene Konsequenz, die bei allen auf den Menschen bezogenen Interventionen als Entscheidungsgrundlage dienen muss: Die Sonderstellung des Menschen – insbesondere seine Fähigkeiten des Bewahrens und Zerstörens, der Ausübung von Herrschaft über seinesgleichen sowie des solidarischen Handelns, bringt für ihn eine besondere Verantwortung mit sich. Das bedeutet, dass alles, was wir im Hinblick auf andere tun oder unterlassen, begründungspflichtig ist; und zwar immer und überall. Es gilt ein allgemeines Willkürverbot.

Der Mensch ist individuell und sozial, er ist emotional und rational, er ist klug und dumm, er ist abhängig und autonom – und das alles gleichzeitig. Erst wenn diese Gegensätzlichkeiten in ein ausgeglichenes, lebbares Verhältnis zueinander gebracht werden, kann subjektives Glück entstehen.

›Objektives Glück‹ ist ein Widerspruch in sich. Im Laufe der Geschichte hat es immer wieder Heilsbringer, Demagogen und ›falsche Propheten‹ gegeben, die die Menschen lehren wollten, was sie unter ›ihrem‹ Glück zu verstehen hätten. Alles fauler Zauber!

Auf der anderen Seite sagen mir die Theologen seit meiner Grundschulzeit, der Mensch sei schließlich die Krone der Schöpfung und er solle sich die Erde untertan machen. Na ja, wenn der Mensch wirklich eine Spitzenleistung Gottes ist – und das wird ja wohl so sein – dann sollte man ihn vielleicht einmal bitten, doch noch einmal die eine oder andere Nachbesserung in Erwägung zu ziehen. Wer, wenn nicht er, sollte dafür zuständig sein? Er könnte doch einfach den ein oder anderen sachgerechten Evolutionsprozess initiieren; ein Wunder braucht es dazu sicherlich nicht einmal.

Je länger ich über solche und andere Dinge nachdenke, umso sicherer bin ich, dass Gott viel Humor haben muss, denn das, was die Menschen manchmal mit seiner Schöpfung anstellen, ist schon – gelinde gesagt – abenteuerlich. Das macht ihn mir immer sympathischer. Und ich hoffe, das beruht auf Gegenseitigkeit.

Ob diese und ähnliche Überlegungen im strengen Sinne in den Bereich der Soziologie gehören, sei dahingestellt, aber da sollten wir mal ganz großzügig sein. Die Soziologen sind ja sowieso so etwas wie die Wilderer in den Geistes- und Naturwissenschaften. Soziologen sind die mit dem Überblick. Gut, dass es sie gibt!

Also man sollte doch einmal ein wenig genauer recherchieren. Dann wird man sehr schnell feststellen, dass es in allen Sozialwissenschaften heute als eine gesicherte Erkenntnis gilt, dass jeder von uns in seiner jeweiligen Umwelt nur dann subjektiv glücklich sein kann, wenn die Anforderungen, die von außen an ihn herangetragen werden, und die Wünsche und Antriebe, die in uns selbst entstehen und wirken, zueinander passen.

Dieses Gleichgewichtsverhältnis kann von Person zu Person sehr unterschiedlich aussehen, entscheidend ist, dass es als solches subjektiv auch tatsächlich erlebt wird. Nun könnte man meinen, dass eine starke Persönlichkeit mit dominierender Autorität (z. B. in Politik, Wirtschaft oder Wissenschaft) kraft ihres Einflusspotenzials zufriedener sein müsste als die von ihr Abhängigen. Das stimmt aber nicht! Im Gegenteil, je mehr ich die Biografien von einflussreichen und mächtigen Personen in Geschichte und Gegenwart studiere, umso klarer wird mir, dass gerade die politisch oder kulturell Mächtigen überdurchschnittlich oft in isolierte, gesellschaftlich nicht mehr kommunikable Positionen geraten und in diesen Positionen oft sehr erfolgreich und unglücklich zugleich waren. Beispiele hierfür gibt es genug: Napoleon, Sigmund Freud, Marilyn Monroe, Paul Getty und viele andere mehr.

Der Autoritätstypus des Reichen und / oder Mächtigen kann sich materiell vieles leisten, was ihm letztlich jedoch keine Freude mehr bereitet. ›Wissen ist Macht‹, hat Francis Bacon gesagt, aber man sollte hinzufügen: Macht ist auch die Möglichkeit, nicht zu lernen, nach dem Motto: Wissen ist Macht; ich weiß nichts – macht nichts!

Der Arme und Ohnmächtige steigert sein Wunschpotenzial genau in dem Maße, wie seine Wünsche unerfüllt sind und unerfüllbar bleiben. Das Resultat ist jedoch durchaus vergleichbar: Unzufriedenheit, Frustration, Persönlichkeitsverlust bis hin zum Freitod. Es ist nicht sehr schwer zu erkennen, woran das liegt.

Ebenso verlieren solche Zeitgenossen, die in vielen Lebensbereichen stark von den Entscheidungen anderer abhängig sind – sozusagen als Rezipienten von Autorität –, in ganz ähnlicher Weise ihre subjektive Zufriedenheit, da auch hier das Gleichgewichtsverhältnis zwischen dem Wollen und dem Sollen oft nicht mehr stabil ist.

Das verbindende Element zwischen der individuellen und der gesellschaftlichen Ebene menschlichen Daseins hieß früher ›soziale Komponente‹, heute nennen wir dies ›Kommunikation‹.

Das Menschliche am Menschen ist seine ausdifferenzierte und vielschichtige Fähigkeit zu kommunizieren. Dies betrifft Mimik, Gestik, Haltung (Körpersprache), Handeln, Sprache und Schrift.

Und immer dann, wenn es in einem oder in mehreren dieser Bereiche Blockaden gibt, werden wir unglücklich.

Wir müssen also alle gesellschaftlichen Verhältnisse, die wir analysieren wollen – also natürlich auch die eigenen –, daraufhin untersuchen, welches Kommunikationspotenzial sie uns, den Betroffenen, wirklich bieten und welche Folgen das hat. Auch hier kann es nämlich des Guten zu viel geben. Wir haben es heute eher mit einem unverarbeitbaren Überangebot an Informationen zu tun als damit, unterinformiert zu sein. Das Problem ist heute nicht mehr die Beschaffung von Informationen, sondern die Selektion, um das Wichtige vom Banalen unterscheiden zu können.

Die Schwierigkeit dabei ist: Die Bedeutung und Attraktivität einer Information wird heute nicht mehr durch ihren Inhalt bestimmt, sondern durch ihre Illustrierbarkeit, ihre technisch-mediale Aufbereitungsfähigkeit.

Dies führt dann dazu, dass bei der Entscheidung über die Frage, welche Information denn eigentlich in den Kommunikationskreislauf eingegeben werden sollen, immer diejenigen Meldungen den Vorrang erhalten, die optisch und akustisch am anschaulichsten präsentiert werden können. Dies erklärt auch die überproportionale Darstellung von Naturkatastrophen, Unfällen und Kriegsereignissen in den öffentlich-rechtlichen und privatwirtschaftlichen Massenmedien.

Im Verlaufe meines Studiums hatte ich sehr bald schon festgestellt, dass es immer von Vorteil ist, sich möglichst genaue Vorstellungen davon zu machen, was man überhaupt untersuchen will, das heißt: konkret zu werden. Das klingt zwar wie selbstverständlich, passiert aber oft gar nicht, achten Sie mal drauf!

Und ich stellte fest, dass es offenbar zu fast allen Themen eine wahre Flut pluraler, verschiedener ›Wahrheiten‹ gibt, die sich apriorisch gar nicht einmal gegenseitig ausschließen. Sie konkurrieren vielleicht miteinander, verhalten sich aber nicht kontradiktorisch zueinander.

Und so bastelte ich mir ein recht komplexes Verständnis von Gesellschaft zusammen, das sich in der Folge als sehr hilfreich und nützlich herausstellte.

Danach besteht das, was wir Gesellschaft nennen, zunächst einmal unabdingbar aus Menschen (alles andere wäre ja auch widersinnig), also gilt die Gleichung:

G1 = Summe aller Individuen = Personale Sichtweise

Soweit wird kaum jemand widersprechen. Nun wäre es aber völlig unrealistisch, wenn man davon ausginge, dass all diese Individuen einzeln, isoliert voneinander existierten. Dies ist erkennbar nicht der Fall, vielmehr gibt es mannigfaltige Interdependenzen und Kommunikationen zwischen den Menschen. Also kann man mit der gleichen Berechtigung auch sagen: Gesellschaft ist die Summe aller sozialen Beziehungen, also gilt ebenso die Gleichung:

G2 = Summe aller sozialen Beziehungen = Dynamische Sichtweise

Zwischenmenschliche Beziehungen jedoch finden immer institutionell statt. Also gilt auch noch die dritte Gleichung:

G3 = Summe aller sozialen Gebilde = Institutionelle Sichtweise

Wenn nun diese drei Sichtweisen gleichermaßen korrekt sind, so sollte man doch die Vollständigkeit der Betrachtung dadurch optimieren, dass man zum Zwecke der Komplexitätserhöhung eine umfassender vierte Sichtweise wählt, die alle anderen einschließt. Danach gilt dann:

$$\mathbf{G} = G_1 + G_2 + G_3 + n \dots,$$

wobei wir ehrlicherweise »+ n ...« einführen müssen, weil es ja berechtigterweise eventuell auch noch andere als die von uns benutzten Sichtweisen des gleichen Gegenstandes geben kann. Dies ist zugegebenermaßen eine zunächst recht formal aussehende Arbeitsweise, aber sie hilft uns, die Kommunikation bezüglich des Untersuchungsgegenstandes zu verbessern, daher ist sie uns von Nutzen.

Auch historische Prozesse kann man so recht gut veranschaulichen:

$$G_{1980} \text{ bis } G_{2004} = \text{Entwicklung} \rightarrow \text{Sozialer Wandel}$$

Selbstverständlich war ich nicht der Einzige, der sich in dieser oder jener Art redlich bemühte. Meine Mitstudierenden erwiesen sich jedoch als ausgesprochen unterschiedlich.

Da gibt es die Minimalisten, die nach der Devise handeln: Mit wenigen Mitteln fast gar nichts erreicht. Sie betreiben wenig Aufwand und sind auch nicht auffallend erfolgreich. Sie säen nicht und sie ernten eben auch nicht, sie studieren eigentlich nur so herum. Sie sind keine Sprinter und keine Langstreckenläufer, sie sind akademische Spaziergänger. Leistungsträger sehen so nicht aus!

Zum anderen gibt es die autoritätsfixierten Opportunisten, die immer genau das lernen und reproduzieren, was von ihnen erwartet wird. Sie arbeiten also im Grunde durchaus ergebnisorientiert, laufen aber überwiegend als recht frustrierte Einzelexemplare durch die ›Al-ma Mater‹, weil sie praktisch nur weisungsabhängig tätig werden.

Drittens gibt es noch die Idealisten, die nur das studieren, was sie selbst für wichtig und richtig halten, ohne dauernd nach dem Studienerfolg zu fragen. Sie studieren meist etwas länger als die anderen, sind aber nicht unzufrieden und man kann ganz gut mit ihnen auskommen.

Ehrlicherweise wird man eingestehen müssen, dass es auch noch eine vierte Gruppe gibt, über die man aber nicht gerne spricht; ich auch nicht! Das sind nämlich diejenigen, die selbst nie wirklich merken, dass sie trotz ihres bis zur Selbstaufgabe gehenden Fleißes letztlich doch völlig lern- und erfolgsresistent sind ›Loser‹ eben. Sie berufen sich meist unbewusst auf ihr verfassungsmäßiges Recht auf Dummheit und interpretieren die Wahrnehmung desselben als ihre ganz persönliche Form der Selbstverwirklichung.

Das Schlimme bei den wirklich Dummen ist nur, dass sie mit ihrer Dummheit unwiederbringliche Lebenszeit vergeuden, ihre eigene, aber eben besonders auch die der anderen, ihrer Kommunikanten. Sie handeln nach dem Motto: Ich kann das nicht, aber ich mache das jetzt mal! Unglücklicherweise ist diese Gruppe recht groß; da haben wir alle wieder einmal ein wenig Pech gehabt.

Ich beschloss, mich irgendwo zwischen der zweiten und der dritten Gruppe einzuordnen. Und das hatte Folgen, angenehme und unangenehme.

Sehr bald schon lernte ich, dass es an Universitäten durchweg üblich ist, unter Zuhilfenahme wissenschaftlicher Literatur zu arbeiten. Es herrscht eine fast grenzenlose, in Einzelfällen bis zum Fetischismus gehende Büchergläubigkeit.

Obwohl aus Unsinn kein Sinn wird, wenn man ihn aufschreibt, ist wohl doch etwas dran an der faktischen Macht des Gedruckten. In jedem Seminar wurden ebenso imponierende wie umfangreiche Listen gereicht, die in der Regel etwa wie folgt aussahen:

Budweis, Hans:	Die Randgruppe als Zentralphänomen, Korporationsrechtliche Diskursunfähigkeit als prophylaktische Neurose, Bamberg und Kitzbühel 1988, broschierte Ausgabe, 23,45 €
Chesky, Balduin:	Krank oder gesund, die Welt ist kugelrund; gesundheitspolitische Lyrik für alle, die es angeht; 444 Seiten, Las Palmas 1999, 22,90 €
Claus, Wolfram:	Architektur und Sozialmedizin oder: Ist das Gesundheitsamt wirklich nur ein Gebäude? Statische Untersuchungen zur Sozialstatistik, nostalgische, z. T. handschriftliche Tabellensammlung, 1920/1988, Bad Nenndorf 1999
Däumling, Thea:	Ich, Du, Er, Sie, Es, in: Wir, Zeitschrift für alle, hrsg. von uns, Band 7, 1976, Berlin, handkoloriert, 1 €

Felsenstein, Frank:	Der handgeschriebene Überweisungsträ-
	ger – Nachruf auf eine aussterbende
	Spezies oder: Individualitätsverlust im
	internationalen Geldverkehr, Clausthal-
	Zellerfeld 1999, eine Seite mit drei Durch-
	schlägen, überall erhältlich, –,01 €

Man kann die leeren Rückseiten dieser Listen ohne weiteres als Konzeptpapier verwenden. Mir imponierten solche Titel zunächst sehr, waren sie doch gekennzeichnet von grandioser Formulierungskunst und hoher, fachlich extrem spezialisierter Kompetenz. Also machte ich mich auf den Weg in die Universitätsbibliothek und nahm das ein oder andere der empfohlenen Werke zur Hand. Das allein wäre ja noch nicht so schlimm gewesen, nein, aber ich begann auch darin zu lesen und fand oft – nichts! Nichts als Worte, viele Worte, wenige verständliche Aussagen und noch viel weniger Sinn.

Nach einiger Zeit und vielen selbst gemachten Erfahrungen hörte ich endlich damit auf, den Fehler immer nur bei mir selbst zu suchen. Kann es denn wirklich sein, dass es Bücher gibt, die einen überhaupt nicht weiterbringen, die einfach unwichtig sind und die man deswegen auch gar nicht zur Kenntnis nehmen muss? Ja, sicher gibt es die, jede Menge!

Warum finde ich in unseren Bibliotheken keine Regale mit der Signatur: ›Bücher, die die Welt nicht braucht‹? Ich konnte es zunächst kaum glauben, aber anscheinend sind unsere Bibliotheken (auch ohne spezielle Kennzeichnung) voll davon:

Fielder, Hanni:	Trial and Error – unter besonderer Be-
	rücksichtigung von ›Error‹, Der Irrtum als
	Stilelement moderner Beratungstätigkeit,
	in: Ansbacher Algorithmen, Zeitschrift für
	die mittlere Mitteschicht, hrsg. von
	Helmut Zacharias u. a., März 2001, S. 11f.

Finsterbusch, Kurt: Altes oder Neues Testament? Entschei-
                         dungsvielfalt im modernen Christentum,
                         in: Festschrift für Rüdiger S. – ohne jeden
                         Anlass, hrsg. von Anonymus, Burghausen
                         1995, S. 19 – 21, 2,95 €

Hausmann, Holger: Geschichten aus der Soziologie; Über das
                         narrative Element in einer geschwätzigen
                         Welt, in: Kuschelrock, Zeitschrift für So-
                         ziologie mit Musikbegleitung, 1. Jahrgang
                         1/2003, S. 1

*Da kam mir eine verwegene Idee. Bei der Anfertigung meiner nächs-
ten Hausarbeit zum Thema ›Systemtheoretische Aspekte in der dialektischen Weltsicht Theodor W. Adornos‹ wagte ich ein riskantes
Experiment. Natürlich garnierte ich meinen Text wie üblich mit
einem imposanten Rundumschlag durch die tatsächlich vorhandene Fachliteratur und fügte folgende drei Titel alphabetisch korrekt
sortiert mit ein:*

Maler, Wolf-Dieter: Das Laster – Was sich gehört und was sich
                         nicht gehört, Handbüchlein für Anstän-
                         dige und solche, die es werden wollen, irr-
                         tümlicherweise auch erschienen als: Der
                         Laster – Mitgliederverzeichnis des Be-
                         rufsverbandes deutscher Schwertrans-
                         portunternehmen, Kiel 1966, Restauflage
                         wegen Erfolglosigkeit inzwischen rück-
                         standslos recyclet

Müller, Marcus: Warum immer ich? Egozentrik und Kame-
                         ralistik im bäuerlichen Raum von früh bis
                         spät, Familiäre Befehlsstrukturen links
                         der Lahn um 1890, Burg Elz 1969, 4,–

Olly, Frederic:	Wort und Widerwort oder: Was können Worte uns schon sagen? Verbale Kommunikation zwischen Akustik und Stille, 2., wesentlich gekürzte Auflage, Langendreer 1962, 19,95

Nach Abgabe der Arbeit wartete ich gespannt auf die Reaktion des mit der Korrektur beauftragten Assistenten. Dieser bat mich, ihn doch einmal in seiner Sprechstunde aufzusuchen, was ich auch tat. In Erwartung vehementer Kritik an der mangelnden Seriosität meines Elaborates legte ich mir bereits im Vorhinein eine mögliche Gegenstrategie zurecht: dass ich doch nur etwas Humor in die ganze Sache hatte bringen wollen und ob das denn nun wirklich so schlimm sei, sodass dies als Prüfungsleistung letztlich nicht mehr akzeptiert werden könnte.

Was dann wirklich geschah, überraschte mich allerdings sehr. Mit vielem hatte ich gerechnet, damit allerdings nicht. Es geschah nämlich – nichts. Der zuständige wissenschaftliche Assistent erläuterte mir die Vorzüge und die Schwächen meiner Ausarbeitung und begründete so auch nachvollziehbar die vergebene Note, die übrigens keine schlechte war. Kein Wort über:

Stauderle, Friedrich-J.:	Greifen oder Beißen? Zur Bedeutung des Körperkontaktes unter den Bedingungen säkularisierter Zwischenmenschlichkeit; zuerst erschienen als: Karate-Kid, Las Vegas 1948, 4,95 $, z. Z. vergriffen; Neuauflage geplant unter: Nun nimm mich doch endlich, worauf wartest du?

oder:

Wahrlich, Fritz:	Die endgültige Beantwortung der Arbeiterfrage steht uns noch bevor; Interview mit einem kinderreichen Lackierer (Name ist der Redaktion bekannt) der Adam Opel AG am 4. März letzten Jahres; photome-

chanischer Nachdruck des Originalproto-
kolls beim Autor gegen Pfandhinterlegung
erhältlich

Also, es ging doch! Nach diesen Erfahrungen wurde unser Freund,
einer unerklärlichen Eingebung folgend, noch mutiger. Er wies auf
einige sonderbare Titel hin, die er nur durch Zufall in irgendwel-
chen dunklen und muffigen Archiven gefunden habe, und er erkun-
digte sich, ob es denn legitim sei, auch solches, nicht gerade weit
verbreitetes, ja teilweise sogar völlig unbekanntes Material zu verwenden.

Die Antwort haute ihn fast um. Aber selbstverständlich werde
es immer gerne gesehen, wenn die Studierenden sich auch außerhalb der ausgetretenen wissenschaftlichen Pfade nach authenti-
schen und originellen Quellen umschauen würden, soweit sie denn
themenrelevant seien. Er sei deshalb zu loben und in seinem
Bemühen, das Unbekannte zu suchen und das Neue zu wagen, aus-
drücklich zu bestärken.

Ein wenig erinnerte mich dieses Erlebnis an einen gewissen Herrn
Pfeiffer – Pfeiffer mit drei ›f‹ – aus der ›Feuerzangenbowle‹ von
Heinrich Spoerl; ich glaubte zu träumen.

Na, wenn das so ist, dann werde ich mir das jetzt zur Gewohnheit
machen. Von jetzt an liefere ich keine Arbeit mehr ab, die zum
Beispiel nicht auf dem (von mir inzwischen zum Klassiker erhobe-
nen) Helmut Hävelmann basiert, der ja nun seit einiger Zeit auf-
grund seiner spektakulären Theorieansätze in aller Munde ist. In
Insiderkreisen ist nur noch vom ›großen Hävelmann‹ die Rede.

Hävelmann, Helmut	Heimerziehung contra Erziehungsheim, Über das Unheimliche im Heimbereich oder: Heimlich, Still und Leise? Schloss Burg/Wupper 1931, 120 Seiten inkl. Schutzumschlag, 19,– €

Seiner alten Erkenntnis folgend, wonach das Studieren umso erfolgreicher ist, je mehr Spaß es macht, setzte er dem Ganzen in den folgenden mündlichen Prüfungen dann schließlich die Krone auf. Er nahm sich vor (und er hielt es wirklich durch bis zum Rigorosum im Rahmen seiner Doktorprüfung), keine mündliche Prüfung mehr zu bestreiten, in der er nicht das epochale Werk von Klaus Hennicke (zumindest beiläufig) erwähnte.

Hennicke, Klaus: Die kriegst du nie! Gesundheitspolitische und leichtathletische Aspekte der Hexenverfolgung damals und jetzt; auch als Kinderbuch erschienen unter dem Titel: Knusper, knusper, knäuschen, Ratzeburg 1972, 2222 Seiten, gebundene Festzeltversion 67,45 €

Je nach Fach und Thema ersetzte er den berühmten Hennicke auch schon einmal durch den klassischen Hornung:

Hornung, Holger: Reif für die Insel! Ökumene auf Sylt und Kreta in vergleichender Darstellung, oder: Sylt und Kreta – kein Vergleich! 2 Bände Sylt/Kreta 1992, 12 bzw. 482 Seiten, je Band 36,– €, zu- sammen 98,– €

Natürlich kann ich mir nicht vorstellen, dass dies niemals einem der Prüfer aufgefallen ist. Aber was hätten sie denn machen sollen? Selbst wenn sie mich‹ nach den ›essentials‹, den Kernaussagen des ein oder anderen Werkes gefragt hätten, ich hätte für jedes Buch mindestens drei, ebenso frei erfunden wie vernünftige Hauptthesen parat gehabt. Und wie hätten sie diese kontrollieren können, wo ihnen doch das ganze Werk unbekannt war?

Welcher Prüfer macht schon seine eigene Unkenntnis zum Gegenstand der Prüfung? So viel Ehrlichkeit kann noch nicht einmal an der Hochschule erwartet werden. Und so werde ich wohl auch weiterhin jede meiner Veröffentlichungen mit exquisiten Titeln wie diesen garnieren:

Huhmann, John	Der Flohzirkus oder: Das Statistenproblem in den Grenzbereichen des Theaters – Historische Herleitung und futuristische Ableitung, Wien 1990, 79,– € (incl. Lupe)
Kronen, Selma:	Vünf, Sex, Siiben – Was Schreibfehler uns über unsere Kinder sagen, Über die Schnittmengen von Mathematik und Psychologie, Oggersheim/ Hannover 1997, 66 Seiten, 12,80 €
Lager, Francis:	Dr. med. – Medizinmann oder Arzt? Bevölkerungsnahe Sozialmedizin im Ballungsraum, oder: Ihr seid ja alle irgendwie krank (früher als: Wallraff im OP, Titel vom Verlag aus urheberrechtlichen Gründen geändert), Hintertux 1990, 98 Seiten, 299 ÖS – bevor der € kam

Ist das schlimm? Nein! Ist das respektlos? Auch nicht – na ja, vielleicht ein wenig. Schadet das irgendjemandem? Nein! Macht das Spaß? Ja! So, what? Also lasst uns doch einfach weiterstudieren. Es macht doch Spaß, oder?

Seriöse Erkenntnisarbeit (= Studieren) und Freude am eigenen Tun schließen sich nicht gegenseitig aus – wirklich nicht! Oft ist eine übertrieben zur Schau gestellte, verbissene Ernsthaftigkeit beim Lehren und Lernen nichts weiter als der Versuch, Seriosität dort zu demonstrieren, wo es längst unseriös, oberflächlich, falsch oder langweilig geworden ist.

Wenn wir beim Fußballspiel ein Tor schießen, also Erfolg haben, jubeln wir laut, umarmen und freuen uns. Warum tun wir eigentlich nichts Vergleichbares, wenn wir etwas bislang Unverständliches schließlich doch noch kapieren? Warum reagieren wir auf intellektuelle Erkenntniserfolge nicht genauso wie auf sportliche Siege?

Entschuldigung, war nur so ein Gedanke. Und die Gedanken sind ja bekanntlich frei.

Im Übrigen aber war unser Freund ein sehr seriöser und erfolgs-
orientierter Student. Sehr bald schon entwickelte er einige fundamentale Grundregeln zur Eliminierung von Unkenntnis und
Dummheit. Erfolg ist immer die Summe richtiger Entscheidungen.
Infolgedessen sollte man die Wahrscheinlichkeit falscher Entscheidungen möglichst minimieren.

Unter der Voraussetzung, mit dem geringstmöglichen Aufwand
das bestmögliche Ergebnis erreichen zu wollen (also effektiv zu
arbeiten), ergaben sich dabei die folgenden Richtlinien, bei deren
Berücksichtigung der entsprechende Erfolg unausbleiblich ist.

Erstens:

Um die dem Menschen eigene Faulheit zu überwinden ist ein hin-
reichender Reiz (Impuls, Motivation) unverzichtbar. Als mögliche
Reizquellen kommen hierbei grundsätzlich eigentlich nur die folgenden beiden in Frage. Entweder ein subjektiv empfundener oder
ein objektiv vorhandener Stress oder aber ein ebensolcher Spaß am
Prozess des Lernens oder an den Lernresultaten.

Stress entsteht z. B. durch verbindlich einzuhaltende Termine
oder das eigene schlechte Gewissen, das einem dauernd sagt, was
man eigentlich alles bereits hätte erledigt haben sollen. Lernspaß
entsteht immer dann, wenn die Freude an der Arbeit oder die Lust
am Erfolg einen immer wieder neu motiviert.

Zweitens:

Lernprozesse sind kommunikative Vorgänge, also sollte man möglichst auch nicht immer alleine, sondern mehr in Gemeinschaft lernen. Kollektives Lernen macht aus dem Studium und anderen zu
bewältigenden Aufgaben also einen Mannschaftssport. Wie bei
allen Gruppenleistungen, so ist allerdings auch beim Teamwork ein
recht hohes Maß an Disziplin Voraussetzung für jeden Erfolg. Dies
äußert sich zum Beispiel in so simplen Dingen wie der Pünktlichkeit und der Zuverlässigkeit, getroffene Absprachen auch einzuhalten. Nur so kommt es zur Berechenbarkeit sozialrelevanten Verhaltens.

Das fällt manchen Menschen schwer, hat aber in der Praxis große Vorteile – wenn's denn funktioniert. Zum einen sind die Pünktlichen immer schon etwas eher da als die anderen und zum anderen ist Pünktlichkeit eine Unterkategorie von Höflichkeit, die immer schon sehr zu einer sozialverträglichen Atmosphäre beigetragen hat.

Nicht jeder sollte alles machen, sondern das, was er am besten kann. Wer nichts kann, sollte sich spätestens an dieser Stelle verabschieden! Kollektives Lernen beruht auf Gegenseitigkeit, und Solidarität und Schmarotzertum sind zwei sehr verschiedene Dinge. Neigung, Kompetenz, die zur Verfügung stehende Zeit sowie sächliche und personelle Ressourcen spielen hier die entscheidende Rolle.

Drittens:

Eine weit verbreitete Unsitte besteht darin, sich externen Kontrollen (z. B. Prüfungen) aus Angst erst so spät wie möglich zu stellen, was sich natürlich immer weiter angststeigernd auswirkt. Oft ist das Erwachen dann unangenehm. Daher kann man gar nicht früh genug damit beginnen, sich selbst zu kontrollieren (Eigenkontrolle) und sich von anderen kontrollieren zu lassen (Fremdkontrolle). Und zwar horizontal wie vertikal. Das bedeutet, Kontrolle auf egalitärer Autoritätsebene (z. B. Studierende untereinander), aber auch Kontrolle von oben nach unten, von Prüfer zu Prüfling. Erfolgreich geprüft zu werden, kann man lernen.

Ein wesentliches Mittel, Versagensängste zu relativieren, besteht auch darin, sich das vorhandene Risiko bewusst zu machen. Wie sieht das ›worst-case-scenario‹ aus, worin besteht denn der mögliche Super-GAU, der größte anzunehmende Unfall? In der Regel ist dann alles viel weniger schlimm als befürchtet. Korrekte Information ist alles, auch hier.

Viertens:

Leistungen kommen nicht von ungefähr. Jeder Erfolg erfordert zielorientiertes Training. Hierbei kommt der Wiederholung besondere

Bedeutung zu. Lernerfolge stellen sich umso eher ein und sind umso nachhaltiger, je redundanter die ihnen zugrunde liegenden Informationsprozesse sind. Das bedeutet, dass die gleichen Informationsinhalte auf verschiedenen Wegen ihren Adressaten erreichen. Repetitionen (Wiederholungen) sind zwar nicht gerade sehr phantasievoll, ihre Wirksamkeit sollte jedoch nicht unterschätzt werden.

Aber Vorsicht ist auch hier geboten: Wenn etwas mehrfach gut geklappt hat, ist dies noch nicht automatisch eine Zukunftsgarantie, sondern kann ebenso auch ein Indiz für Altersschwäche sein. Effektivitätskontrollen sind immer anzuraten.

Fünftens:

Schauen wir uns doch besser um! Warum kopieren wir nicht hemmungslos alles, was sich als erfolgreich bewährt hat und keinem Patent-, Urheber- oder Gebrauchsmusterschutz unterliegt. Das Rad und andere das Leben erleichternde Dinge sind doch schon erfunden worden!

So wie Falsches nicht durch Wiederholung richtig wird, so wird Richtiges durch Wiederholung nicht falsch und auch vor uns hat es schon erfolgreiche Menschen gegeben. Was also spricht dagegen, diesen Vorbildern nachzueifern?

Sechstens:

Zur Leistungserbringung gehört jeweils eine ontologisch vorgelagerte Motivation. Aber woher nehmen und nicht stehlen? Auch hier ist der gemeinschaftlich begangene Weg deutlich vielversprechender als der individuell-isolierte. Motivieren wir uns also gemeinsam und gegenseitig!

Dazu gibt es eine Menge bewährter Techniken, die leicht zu erlernen sind, so zum Beispiel Simulationen, Partnerarbeit, Übungen, Rollenspiele, Präsentationen, Streitgespräche und Feedbacks. Das ist angewandte Soziologie, pur.

Siebtens:

Wir sollten viel mehr Wert auf das Aufspüren und die Aktivierung von Synergiepotenzialen legen. Es gibt nichts, was nicht mehrfach recyclebar wäre, weder materiell noch ideell.

So sollten wir alle Erkenntnisse und Einsichten, die sich in irgendeinem Bereich früher schon einmal als richtig, erfolgreich oder zumindest doch brauchbar erwiesen haben, immer wieder daraufhin überprüfen, wo sie denn außerdem noch erfolgversprechend verwendet werden können. Das ist in der Regel nicht weiter schwierig.

Achtens:

Ziel- und erfolgsorientiertes Arbeiten erfordert systematisch-strategisches Vorgehen. Vor allem darf die Reihenfolge der Arbeitsschritte nicht beliebig sein. Dies ist umso wichtiger, je komplexer die Aufgabenstellung ist. Unangenehmes sollte dabei die kürzeste ›Präsenzzeit‹ haben, das heißt: Die Zeitspanne zwischen dem Auftauchen eines Problems und dessen Lösung sollte so kurz wie möglich gehalten werden. So kann man Leidenszeiten verkürzen.

Angenehmes dagegen kann warten und sollte erst später bearbeitet werden, schließlich ist die Vorfreude ja bekanntlich die schönste Freude.

Natürlich sind diese Kriterien nichts für notorische Erfolgsverweigerer, aber für diese sind sie auch nicht gedacht.

Die Zweiteilung der Welt: Das andere Geschlecht

> Kluge Frauen haben längst erkannt, dass die
> Gleichberechtigung der Geschlechter dort auf-
> hören sollte, wo für die Frauen die gleichen
> Pflichten beginnen.
> *Colin Wilson*

Eine fundamentale, bis heute noch nicht schlüssig beantwortete
Frage lautet: Was ist am anderen Geschlecht eigentlich so anders?
Klar ist nur: Die Welt ist zweigeteilt und Männer und Frauen passen offensichtlich nicht so richtig zusammen, fühlen sich aber oft
stark zueinander hingezogen und sind in gewissen Lebenssitua-
tionen vehement aufeinander angewiesen. Aber woran liegt das?

Vielleicht sind ja doch noch mehr Restbestände ursprünglicher
Verhaltensmuster in unserer Natur vorhanden, als wir ahnen und
zugeben wollen.

Jedenfalls funktionieren alle weiblichen Verhaltensformen, die
den Beschützerinstinkt bei Männern ansprechen und ihn zum
Jagen und Sammeln anregen, genauso gut wie alle männliche
Aktionen, die auf den Versorgungsinstinkt bei den Frauen zielen
und damit der Arterhaltung dienen. Finden sich zwei menschliche
Exemplare, die sich in dieser archaischen Art und Weise einander
ergänzen, wird es wohl klappen, denn dann passt es.

*Überall erlebe ich immer wieder Frauen, die in vielerlei Hin
sicht so sein wollen wie die Männer. Mit ein wenig Phantasie
und Logik könnte man dieses Phänomen bis in die christliche
Schöpfungsgeschichte (Genesis) zurückverfolgen. Semantisch
betrachtet müssten Frauen demzufolge eigentlich ›Männinnen‹
heißen. Vom emanzipatorischen Standpunkt aus betrachtet,
kann dies natürlich überhaupt nicht sein, denn dort geht es ja
gerade um die exakte Abgrenzung der weiblichen von den männli-*

chen ›Weltanteilen‹, und beide sind qualitativ gleichrangig und originär.

(Für Insider: Seit einigen Jahren hat sich eine neue Disziplin innerhalb der Soziologie herausgebildet, die sich genau das zum Thema gemacht hat: ›Gender Mainstreaming‹.)

Aber die Frage, wer denn nun eigentlich das ›andere Geschlecht‹ ist, Frauen oder Männer, ist bis heute noch nicht schlüssig beantwortet worden – von wem auch? Wen führt das jeweils erkenntnisleitende Interesse (vgl. Jürgen Habermas) eigentlich wohin?

Oft wird in dieser Debatte allerdings Gleichberechtigung mit Gleichheit verwechselt. Um historisch überlieferte männliche Privilegien zu ›knacken‹, muss die Frau nicht zum Mann werden. Und bitte auch nicht umgekehrt. Das Spannende ist doch gerade, dass Frauen und Männer eben nicht gleich sind, schon von Natur aus nicht. Und die Mehrheit aller Betroffenen und Beteiligten wird daran wohl auch nichts ändern wollen. Wie ist damit umzugehen?

Jedenfalls ist das Verhältnis der Geschlechter zueinander offenbar stark konfliktträchtig. Fast jede zweite Ehe wird wieder geschieden; die Frauenhäuser sind voll von verängstigten und misshandelten Partnerinnen und viele Leute gehen das Wagnis einer auf Dauer angelegten Zweierbeziehung erst gar nicht mehr ein. Da stimmt doch irgendetwas nicht! Was soll ich denn davon eigentlich halten?

Die enormen Veränderungen im Rollenverständnis von Männern und Frauen erfordern neue Lösungsideen, ansonsten werden die sozialen Kosten der Gleichberechtigung nach wie vor überwiegend von den Frauen getragen.

Diese Problematik war für unseren Freund dauerhaft zentral. Anthropologie, Psychologie, Biologie und Theologie gaben ihm hierzu eine unübersehbare Fülle von Hinweisen, auch extrem widersprüchliche, aber keine, die ihm wirklich weitergeholfen hätten. Also suchte er sich seinen Weg wieder einmal selbst. Es blieb ihm nichts anderes übrig, als zum Einzelkämpfer im Dschungel wissenschaftstheoretischer Basispositionen zu werden, obwohl er eigentlich nicht der Typ des ›Rambo-Soziologen‹ war.

Bisher hatte ich eigentlich weitgehend nur mit mir selbst zusammengelebt. Ich glaube, jeder junge Mensch fängt als Solist an. Ich war überzeugt davon, dass man die Welt am besten alleine aus den Angeln heben sollte. Ich war Winnetou, James Dean, Elvis Presley und Albert Einstein in einem.

Aber dann passiert es irgendwann. Irgendetwas verändert sich, seien es die Hormone, seien es die Interessenlagen oder sei es wieder einmal nur die Neugier. Ganz früher waren Mädchen ja einfach nur doof. Jetzt aber hatte das andere Geschlecht auf einmal etwas Exotisches, Attraktives an sich, das mich einerseits befremdete, andererseits aber auch immer wieder anzog.

Mir wurde klar: Frauen tun Männern gut! Und ich hoffte, dass die Umkehrung dieses Satzes ebenso stimmen würde. Also vollzog ich den Schritt vom Überzeugungssingle zum Teilzeitjunggesellen. Dabei veränderte sich mein Frauenbild deutlich in Richtung Toleranz.

Na ja, gegen Frauen – jedenfalls gegen bestimmte – ist also ab jetzt nicht mehr grundsätzlich etwas einzuwenden, vorausgesetzt, sie treten nur einzeln und nur zeitweise in Erscheinung. Frauen im Plural sind nach wie vor problematisch.

Eines Tages ging ich dann die erste feste Partnerschaft ein. Fest liiert, aber – um Gottes willen – nicht verheiratet. Man bezeichnete das als ›Wilde Ehe‹. ›Wild‹ mag es ja gewesen sein, eine Ehe war es sicher nicht. Man tat nur so als ob. Man spielte Ehe.

Und schließlich landen am Ende doch die meisten im Hafen der Ehe mit festem Ankerplatz – nicht nur für eine Segelsaison, sondern unbefristet. So auch ich. Eigentlich wollte ich ja nie so ein langweiliger, unspektakulärer Normalfall sein, aber nun war ich wohl doch wieder durchschnittlich.

Schließlich hatte ich meinen Frieden mit der Gesellschaft und ihren Konventionen geschlossen, und zwar völlig unresignativ.

Damit war theoretisch alles klar. Fast jeder junge Mensch durchlebt also die folgenden vier Entwicklungsstufen:

Überzeugungssingle-Dasein:	Starker Vorrang der Individualität, persönliche Freiheit als oberster Wert, genügend Selbstbewusstsein für lebenslange Eigenregie.
Teilzeitjunggesellen-Dasein:	Alles haben wollen, nichts verpassen dürfen, Selbsterfahrungen sammeln und experimentieren.
Wilde Ehe:	Partnerschaft ernst nehmen (›Lebensabschnittsgefährte‹), die Konsequenzen jedoch noch scheuen. Mehr oder weniger ausgedehnte Testphase für den ›Ernstfall‹.
Ehehafen mit festem Ankerplatz:	Entscheidung zu unbefristeter Partnerschaft mit allen individuellen, soziologischen, rechtlichen und materiellen Konsequenzen.

Diese vier Phasen in exakt dieser Reihenfolge zu absolvieren macht durchaus Sinn. Denn sobald sich diese Abfolge ändert, kommt es zu sozialen Unverträglichkeiten, wie z. B. Beziehungskrisen oder Ehescheidungen. Wer im ›Ehehafen mit festem Ankerplatz‹ angekommen ist und sich benimmt wie ein Teilzeitjunggeselle, darf sich über massive Partnerschaftsprobleme nicht wundern. Und wer sich im Zustand der ›Wilden Ehe‹ befindet, kann sich auf Dauer nicht wie ein Überzeugungssingle benehmen. Das alles gilt natürlich für Frauen wie für Männer.

Im Bereich der ultimativen Partnerwahl nutzten mir all diese strukturierten Theorien und analysierten Verhaltensweisen jedoch übrigens schlichtweg gar nichts. Hier brauchte ich ganz andere Wahrnehmungsebenen.

Als ich nämlich meiner späteren Frau zum ersten Male begegnete, wusste ich sofort, dass sie von nun an für lange Zeit meine neue ›Baustelle‹ sein würde. Ich war ja inzwischen zum Überzeugungsra-

tionalisten geworden und mir war schon klar, dass auch die schöns-
te Frau an den Füßen zu Ende ist, aber hier musste doch einfach
gegraben und gebaggert werden. Nie und nimmer allerdings hätte
ich kopfgesteuert und verstandesmäßig begründen können, warum
das so war. Hätte ich dazu Stellung nehmen müssen, ich wäre arg
ins Stottern geraten. Hier hatte das, was ich den ›kategorischen
Imperativ der Liebe‹ (Kant / Trautmann) nenne, voll zugeschlagen.

Natürlich beschäftigte ich mich in dieser Zeit auch ausführlich
mit der ältesten Parkplatzsuche der Welt, dem Sex. Das bedarf hier
sicherlich keiner weiteren Erläuterung, weil jeder weiß, wovon die
Rede ist.

Aber hierbei wurde mir sehr bald deutlich, wie wichtig der
Zusammenhang zwischen Humor und Sexualität ist. Frauen wissen
das sowieso, Männer müssen das manchmal erst noch lernen. Ich
hatte diesbezüglich anscheinend so eine Art natürlicher Begabung,
die sich das ein oder andere Mal als durchaus vorteilhaft erwies.

Wir alle hatten selbstverständlich die Schriften Sigmund Freuds,
des Begründers der Psychoanalyse, fleißig studiert und uns war der
existenzielle Zusammenhang zwischen kleinkindlicher Sexualität
und dem späteren Lebensweg durchaus klar. So dachten wir jeden-
falls; später ergaben sich jedoch immer wieder neue Zweifel und
alternative Wahrheiten. (Dass Freud auch die Vorteile des Kokains
zur Schmerzlinderung entdeckt hatte, sei der Vollständigkeit halber
zumindest auch noch erwähnt.)

Ein gütiges Geschick sorgte zudem dafür, dass meine Frau später
auch die Mutter meiner Tochter werden sollte. So hatte ich also
inzwischen vier Frauen, ohne mit dem Gesetz oder der geltenden
Moral in Konflikt zu geraten: Freundin, Geliebte, Ehefrau und
Kindesmutter. Diese Personalunion ersparte allen Beteiligten eine
Menge Komplikationen, die ansonsten hätten auftreten können.

Ganz klar, hier hatten wir den klassischen Fall: Vater, Mutter,
Kind, Arbeitsplatz, Wohnung und Gesundheit. Es gab keine soziologischen oder juristischen Probleme. Denn diese Konstellation ist
gesellschaftlich akzeptiert und wird positiv sanktioniert, zum

Beispiel mit Steuervorteilen und sozialer Anerkennung. Werte-kollisionen sind nicht zu erwarten. Konformität auf der ganzen Linie; es passt!

Wünschen wir allen Soziologen dieser Welt ähnliche Ausgangs-bedingungen. Aber noch sind wir nicht am Ende.

Das wird ja immer spannender, tut aber auch ein bisschen weh: Anscheinend wird die Soziologie, wenn sie eine ehrliche Wissen-schaft bleiben will, eingestehen müssen, dass es wichtige, gesell-schaftlich relevante Gestaltungsfaktoren (Variablen) gibt, die sich wissenschaftlicher Bearbeitung generell entziehen, weil sie sich überhaupt nicht um Rationalitäten, Begründungsnotwendigkeiten und immanente Logiken scheren.

Warum lieben Eltern ihre Kinder, warum lieben Frauen ihre Männer und jeweils umgekehrt? Weil sie das sind, was sie sind, weil sie so sind, wie sie sind, vielleicht auch nur: Weil sie sind, weil es sie gibt; alles Antworten, die sich um sich selbst drehen und die sich damit total gegen alle äußeren Attacken immunisieren. Das bringt doch nichts! In Wahrheit kann uns das kein Mensch sagen.

Wir wissen es doch alle: Manchmal fangen Frauen an, Sachen zu tragen, die aller Welt ihre Paarungsbereitschaft signalisieren und Männer reden – aus genau demselben Grund – ganztägig wirres Zeug. Wir können sicher sein: Dann ist Frühling.

Nun ist dies ein relativ natürlicher und banaler Vorgang; wir alle verstehen uns aber vornehmlich als Kulturwesen und meinen uns für unsere Natürlichkeit manchmal schämen oder gar entschuldi-gen zu müssen. Daher geben beide Geschlechter so etwas nur in den seltensten Fällen zu. Wäre aber besser!

Mehr kann man dazu gar nicht sagen und ich habe auch nicht die Absicht, das Irrationale zu rationalisieren oder das Mystische zu entmystifizieren. Hier haben wir das Ende der Wissenschaft bereits erreicht. So schnell geht das! Sollten wir jetzt enttäuscht sein?

Ich muss schon sagen, es fällt mir nicht ganz leicht, zuzugeben, dass mich etwas steuert, was ich nicht steuern kann. Ich hatte immer die Hoffnung, der Regisseur meines eigenen Lebens zu sein. Offenbar ist das eine Illusion, es stimmt höchstens teilweise. Eine leichte Ratlosigkeit macht sich breit, nicht nur bei mir.

Aber ist es nicht ein gutes Zeichen kluger Selbstbeschränkung, wenn die Wissenschaft an ihre analytischen und instrumentellen Grenzen kommt und dies auch noch zugibt. Das ist doch Klasse! Ich könnte sie knutschen, die Soziologie.

Als unser Freund schließlich Vater und die Frau unseres Freundes Mutter ein und desselben Kindes wurden, änderte sich zwar nicht alles, aber doch vieles in seinem und ihrem Leben. Jene sechseinhalb Pfund personifizierte machtvolle Hilflosigkeit, die da auf einmal in ihr Leben hineinexplodiert waren, waren so dominant, dass es eine Wonne war. Totale, aber umgekehrte Abhängigkeit, endlich einmal Ausbeutung und Fremdbestimmung von unten nach oben, und alle machen mit! Keine Proteste! Nicht einmal ein bisschen Gegenwehr!

Von niemandem sonst hätten sie sich derartige Zumutungen gefallen lassen: hundertprozentige Zuwendung auf Kommando, besonders nachts und immer dann, wenn es gar nicht passte. Hundertprozentige Fürsorge, Verantwortung, Finanzierung, Aufsicht und Pflege und hundertprozentige Liebe. Woran das liegt?

Ganz einfach! Es gibt keine bösen Kinder – ohne jede Einschränkung! Es gibt höchstens falsch gelaufene Erziehungsprozesse. Und jetzt stelle man einmal die Schuldfrage neu!

Und das alles war total irrational und unverständlich, nur noch Gefühle, genug für ein ganzes Leben. Chaos im Kopf, Chaos im Alltag, aber toll! Ende der Soziologie! Ende der Wissenschaft! Oder vielleicht doch nur ein neuer Anfang? Vielleicht sogar der richtige?

Und wenn man sich in solchen sozialen Lagen vorstellt, dass in Deutschland pro Jahr ca. eintausend Kinder allen Alters durch Misshandlungen und Vernachlässigungen (meist durch Verwandte und andere Aufsichtspersonen begangen) ums Leben kommen und dass mehr als 50.000 Kindesmisshandlungen behördlich aktenkundig werden, dann versteht man ›die Welt‹ nicht mehr, man wird nur noch traurig. Die – wahrscheinlich immense – Dunkelziffer ist hierbei noch gar nicht mit berücksichtigt.

Nur so zum Vergleich: In den Tierschutzvereinen Deutschlands sind 560.000 Personen organisiert. Der Kinderschutzbund hat

gerade einmal 32.000 Mitglieder. Darüber einmal in Ruhe nachzudenken, lohnt sich bestimmt.

*Ich will es mal provokant formulieren: Kinder können durchaus
sozialschädlich sein, indem sie neue Sozialitäten schaffen. (Bitte vor
dem spontanen Protest erst nachdenken). Aber genau das ist es doch,
was wir brauchen, wenn wir uns weiterentwickeln wollen.*

*Ich denke, Kinder sind auch die besten lebenden Argumente
gegen die Ordnung in unserem Leben. Ordnung spart Arbeit, ist
aber im Grunde etwas für Faule.*

*Und erst diese massive, naive Kreativität unsere Kinder!
Unglaublich! Welcher Erwachsene würde schon darauf kommen,
danach zu fragen, wie weit ›unendlich‹ ist, welche Farbe die Zeit hat
oder auch nur warum morgen Dienstag ist. Das sind keine Erwach-
senenfragen. Aber es sind gute Fragen!*

*Ich habe da einen schlimmen Verdacht. Mir drängt sich der
Eindruck auf, wir ›Großen‹, die wir unsere Kindheit bereits hinter
uns haben, stellen immer nur solche Fragen, auf die wir dann auch
mehr oder weniger intellektuelle Antworten geben können. Fragen,
auf die wir keine gescheite Antwort wissen, sind uns unangenehm.
Hier können wir von unseren Kindern mit all ihrer Unbefangenheit
und Frechheit eine Menge lernen.*

*Historisch betrachtet ist die Soziologie übrigens im besten Sinne
eine zutiefst kindliche Wissenschaft; sie ist immer schon ganz schön
frech gewesen. Wenn ich da etwa an Immanuel Kant oder Georg
Friedrich Wilhelm Hegel, an Auguste Comte oder Henry de Saint-
Simon, an Karl Marx oder Friedrich Nietzsche, an Max Weber,
Arnold Gehlen oder Helmut Schelsky, an Theodor W. Adorno oder
Jürgen Habermas, an Herbert Marcuse oder Niklas Luhmann, an
Norbert Elias, Alfons Silbermann oder Erwin K. Scheuch denke.
Alle waren sie in ihrer Art frech und höchst spannend. Soziologen
waren eben auch früher schon fast immer ausgesprochen engagierte
Zeitgenossen, so oder so.*

*Sie alle haben sich nicht nur im engeren oder weiteren Sinne
soziologisch betätigt, nein, sie haben sich auch immer wieder politisch eingemischt. Sie haben nicht nur gesagt wie es ist, sie haben
auch gesagt, wie es sein sollte. Sie haben deskriptiv, konstruktiv und*

normativ zugleich gearbeitet: Sie waren frech und sie waren ganz-
heitliche Persönlichkeiten. Bis auf Jürgen Habermas sind sie leider
alle schon tot.

Aber unter anderen haben wir es ihnen zu verdanken, dass die
Soziologie heute in all ihren Verästelungen so ist, wie sie ist:
analytisch, normativ, empirisch, historisch, utopisch und politisch.
Welche Ausprägung sie jeweils konkret annimmt, hängt wesentlich
von der gestellte Aufgabe, von dem zu lösenden Problem und von den
beteiligten Personen ab. So hat dann jede Gesellschaft die Sozio-
logen, die sie verdient.

Im Vergleich zur Philosophie etwa befindet sich die Soziologie ja
geradezu erst in einem jugendlichen Flegelalter. Und das merkt man
manchmal auch.

Dennoch müssen wir Acht geben, dass unsere Soziologie sich
nicht zu sehr interessengebunden vereinnahmen lässt, von wem
auch immer, dass sie sich nicht zu sehr etabliert, dass sie nicht zu
brav wird. Wir sollten aus ihr wieder eine wahrhaft freche Wissen-
schaft machen. Und das heißt: Wir müssen den unangenehmsten
Leuten die unangenehmsten Fragen stellen. Die richtigen und wich-
tigen Fragen zu stellen ist ja sowieso viel aufklärerischer und entlar-
vender, als sich langatmige, meist uninteressante oder gar falsche
Antworten anzuhören.

Aber zurück zum anderen Geschlecht, was immer das ist. Die Frage, wie sich eine dauerhafte und möglichst glückliche Beziehung
zwischen den Geschlechtern konsolidieren kann, ist relativ leicht
zu beantworten. Wichtig sind die wesentlichen Entwicklungsstufen, die eine jede Verbindung dieser Art durchläuft: Freundschaft,
Liebe und Vertrautheit.

Das Entscheidende ist allerdings, dass diese Phasen nicht einfach aufeinander folgen, indem sie sich gegenseitig ablösen, sondern dass sie sich akkumulativ entwickeln, das bedeutet: Wenn aus
Freundschaft Liebe wird, geht die Freundschaft nicht verloren.
Und wenn aus Liebe Vertrautheit wird, geht die Liebe nicht verloren. Beide gewinnen also immer nur dazu und niemand verliert
etwas, am Ende haben alle alles, ein toller Deal!

Die Lebensentwürfe von jungen Frauen und Männern sind durchaus unterschiedlich, ihre biographischen Zukunftsplanungen sind keineswegs deckungsgleich. Ob das von Natur aus so sein muss oder ob es sich um einen kulturbedingten Unterschied handelt, ist noch nicht ganz geklärt. Die bevorzugte Reihenfolge bei den Frauen lautet durchweg: Ausbildung, Beruf, eigener Haushalt, Heirat, Kind.

Für 70 % ist der letzte Schritt in dieser Entwicklung, nämlich Mutter zu werden, allerdings auch durchaus verzichtbar.

Aber die Unterschiede sind signifikant: Wesentlich mehr Frauen als Männer können sich vorstellen, auf die Ehe ganz zu verzichten; und deutlich mehr Männer als Frauen meinen, Kinder gehörten nicht generell zu einem kompletten Leben. Darüber könnte es sich lohnen nachzudenken.

Dass bei diesem Meinungsbild (und bei gleichzeitiger Steigerung der Lebenserwartung) die Gesamtbevölkerung Deutschlands mittel- und langfristig abnimmt und vergreist, ist klar. Und da seit langem die durchschnittliche Kinderzahl pro Mutter (nicht pro Frau) gerade einmal ›zwei‹ beträgt, wird sich an diesem Trend in absehbarer Zukunft auch nicht viel ändern.

Die elementaren Rechte haben sich die Frauen inzwischen erkämpft; theoretisch jedenfalls. Die soziale Wirklichkeit jedoch hinkt da noch weit hinter der Theorie her.

Die Beziehungen zwischen den Geschlechtern sind über lange Zeiträume hinweg, trotz allen sozialen Wandels, erstaunlich stabil. Die Männer sind eben bisher doch noch nicht zu teilzeitarbeitenden Hausmännern geworden, weil ihre Frauen sich auch im Beruf verwirklichen wollen. So kommen die Frauen nach wie vor oft in die Zwickmühle permanenter Doppelbelastungen: Familie und Karriere. Die Männer helfen ihnen da wenig. Und so managen die Frauen dieses Problem u. a. dadurch, dass sie die Geburt ihres ersten Kindes bis über ihren eigenen 28. Geburtstag hinausschieben.

Ebenso interessant wie entlarvend finde ich die Tatsache, dass man ganz exakt empirisch erforscht hat, dass 44 % aller amerikanischen Akademikerinnen lebenslang kinderlos bleiben. Aber bisher ist noch niemand auf die Idee gekommen, die männliche Vergleichszahl dazu zu erheben. Offenbar ist es ziemlich unwichtig, wie viele männliche Akademiker nie Väter werden. Kinder sind nach wie vor vornehmlich Frauensache; jedenfalls in der Wirklichkeit. Da kann die Wunschwelt aussehen, wie sie will.

Wir wissen, wohin das führt: Unsere Gesellschaft vergreist, die finanziellen Sicherungssysteme (Altersrente, Krankenversicherung usw.) brechen zusammen und der bislang erreichte Lebensstandard ist nur mehr durch die Zuwanderung ausländischer steuerzahlender Mitbürger aufrechtzuerhalten, was wiederum eine Vielzahl neuer (In-tegrations-)Probleme für alle Beteiligten mit sich bringt.

Aber ein Gutes haben solche Entwicklungen, die ja zu einer Menge Schwierigkeiten führen, dann doch: Die gesellschaftlichen Entwicklungen bescheren der Zunft der Soziologen immer wieder neue Themen, an denen sie ihre methodischen Werkzeuge und ihre Theorien überprüfen können und müssen.

Die Letzten, die aussterben werden, dürften also die Soziologen sein. Sie werden am Ende das Licht ausmachen und die Türe schließen. Aber bis dahin ist die soziale Wirklichkeit ein Arbeitsbeschaffungsprogramm für Sozialwissenschaftler aller Art.

Die Welt ist bunt: Abweichendes Verhalten

Dies ist die Fundamentalregel allen Seins:
Das Leben ist gar nicht so. Es ist ganz anders.
Kurt Tucholsky

Also, ich muss schon sagen, die Soziologie bezieht sich ja auf einen wirklich schillernden Urvater. Das Ganze ist zwar schon etwa 170 Jahre her, aber dennoch höchst spannend.

Einer der Begründer der Soziologie, der Franzose Auguste Comte, war offensichtlich ein wahrer Artist des abweichenden Verhaltens, Typ Langzeitstudent. Man stelle sich das einmal vor: Als er achtzehn Jahre alt ist (1816), revoltieren seine Mitschüler unter seiner Führung gegen alles, was in der Schule vermittelt wurde, besonders gegen alles Religiöse. So organisiert er die erste Unterschriftensammlung gegen die Lehrpläne und die Lehrmethoden seiner Zeit. Kurzerhand wird seine Schule geschlossen und er selbst verhaftet. Natürlich kollidiert seine fast fanatische republikanische Gesinnung mit seinem streng katholischen Elternhaus.

1825 kommt es endgültig zum Skandal: Als 27-Jähriger heiratet er eine ehemalige Prostituierte. Seine Eltern wenden sich endgültig von ihm ab. Seine Ehe jedoch wird unglücklich. Die Juli-Revolution im Jahre 1830 sieht ihn kämpfend auf Seiten der Republikaner. Um seinen Lebensunterhalt zu finanzieren arbeitet er, der Philosoph, zeitweise als Mathematiklehrer. Was für eine Karriere!

In den folgenden Jahren entwickelt er eine wahrhaft revolutionäre Theorie: Danach durchlebt sowohl jeder Einzelne als auch die Gesellschaft als Ganzes drei existenzielle Entwicklungsphasen:

Auf die theologisch geprägte Phase, in der der Mensch seine Umwelt mit Hilfe mythischer Bilder erfasst und die Welt als von Göttern erschaffen ansieht, folgt zunächst die metaphysische Epoche. In dieser Phase versucht der Mensch die Idee der Welt aus

abstrakten Naturkräften oder ebensolchen Vorstellungen zu dedu-
zieren, ohne jedoch in der Lage zu sein, die spekulative Ebene des
Denkens überhaupt zu verlassen. Die dritte Entwicklungsstufe
schließlich, die des aufgeklärt-positiven Denkens, zeichnet sich
dadurch aus, dass ein Begreifen der Welt über den Weg der Zerglie-
derung der Tatsachen und des Auffindens immanenter Ursachen
versucht wird. Bei diesem Verfahren vereinen sich endlich die
Vorteile der intellektuellen Disziplinierung mit denen der nunmehr
erworbenen geistigen Reife.

Die hierin versteckte Analogie besteht in folgenden Gleichsetzun-
gen: Theologie = Kinderwelt, Metaphysik = Jugendwelt und
Wissenschaft = Erwachsenenwelt. Das finde ich mutig und spekula-
tiv zugleich. Damals zumindest war so etwas revolutionär.

Das, was Comte unter ›Wissenschaft‹ versteht, gliedern wir heute
üblicher- und nützlicherweise in vier Unterbereiche auf:

Das Handlungswissen	Das sind die Kenntnisse, die man zur Bewältigung der allgemeinen Lebenspraxis im Alltag braucht.
Das Regelwissen	Das sind praxisorientierte Kenntnisse, aus denen allgemeine Strukturmerkmale abgeleitet werden können.
Die Wissenschaft	Das sind systematisierte Kenntnisse, die nach Gegenstand und Methode geordnet werden.
Die Wissenschaftstheorie	Das ist die Metatheorie; hier wird das Wissen über die Wissenschaft systematisiert und problematisiert.

Den Endzustand menschlich-gesellschaftlicher Entwicklung nennt
Comte ›Positivismus‹. Er sieht die ›physique sociale‹ bzw. die
Soziologie als Krönung aller Naturwissenschaften, die auf den
Fundamenten von Mathematik, Physik, Chemie und Biologie auf-

baut. Im positiven Stadium der Geistesgeschichte, welches die Nachfolge des naturrechtlichen Gedankengutes antritt, geschieht die Orientierung über alle die Gesellschaft betreffenden Ereignisse in kritisch-wissen-schaftlicher Art, an die sich dann eine Stellungnahme anschließt, welche ausschließlich an rationalistischen Kriterien ausgerichtet wird.

Dass eine derart konfliktträchtige Biographie zu nichts anderem führt als zu einer Aneinanderreihung von sozial unverträglichen Konstellationen, ist nur folgerichtig. Auguste Comte erfüllte Zeit seines Lebens so gut wie nie die Erwartungen seiner Umwelt; Anpassung war seine Sache nicht. Das machte ihn zum Außenseiter und zum Solisten. Auguste Comte ist offensichtlich so etwas wie der personalisierte Tabubruch, abweichendes Verhalten in Originalfassung, die Soziologie als ›Oppositionswissenschaft‹.

Dieses Wissenschaftsverständnis hat in den 60er und 70er Jahren des vorigen Jahrhunderts wahre Heerscharen von jungen Leuten veranlasst, ein Studium der Soziologie aufzunehmen. War ja auch eine höchst spannende Zeit, damals! Da war vielleicht was los!

Unser Freund hat das durchaus klar erkannt: Eine Wissenschaft, die so anfängt, muss mit Schwierigkeiten rechnen. Und genauso kam es.

Die Soziologie wurde im Verlaufe ihrer eigentlich recht kurzen Geschichte für alles und jedes verantwortlich gemacht: für die Aufsässigkeit der Jugend, für den Zusammenbruch vieler alter Traditionen, für alle möglichen und unmöglichen revolutionären Bewegungen in der Welt und für sämtliche Schwierigkeiten im Zusammenleben der Menschen, lokal, national und international, früher, heute und in Zukunft. Natürlich war das unberechtigt, es funktionierte aber.

Und schließlich gab es noch eine weitere Variante, sich der Soziologie gegenüber zu positionieren. Diese bestand darin, die Beiträge dieser neuen Wissenschaft zur Analyse und zur Lösung gesellschaftlicher Probleme entweder gar nicht zur Kenntnis oder aber nicht ernst zu nehmen.

So geriet die Soziologie (übrigens in der Nachfolge der Philosophie) immer wieder in die Rolle des ›wissenschaftlichen Hofnarren‹. Das war zwar einerseits schade, hatte aber andererseits den großen Vorteil, dass die Soziologie schonungslos offen und ehrlich sein konnte, gerade weil ihre Erkenntnisse – leider – oft folgenlos blieben.

Narrenfreiheit bedeutet eben, alles sagen zu können, ohne belangt und verantwortlich gemacht zu werden. Der Preis dafür ist, an Einfluss zu verlieren. Der Hofnarr ist klug, kritisch, aber letztlich einflusslos. Sobald sich an dieser dreifachen Funktionalität etwas ändert, wird es problematisch. Ein dummer Hofnarr könnte seine kritisierende Funktion nicht erfüllen, und würde er gar politischen Einfluss gewinnen, wäre er für die Mächtigen höchst gefährlich.

Übrigens erging es allen Wissenschaften früher oder später so. Auch Wissenschaften haben ihre pubertären Phasen.

Hilfreich war für unseren Freund in dieser Zeit der Satz des deutschen Kabarettisten Werner Finck: ›Humor zu haben ist die List zu lachen, wenn's zum Heulen ist‹, auch kein schlechtes Lebensmotto.

Also studierte er listig weiter. Nach fünf Semestern war er eigentlich fertig. Er hatte sich alle Regeln des ›kommunikativen Lernens‹ zu Herzen genommen und das war nun das Ergebnis.

Wieso geht das alles eigentlich so schnell und erscheint mir, je länger ich studiere, als immer weniger schwierig? Ich glaube, langsam dämmert es mir. Außer im Bereich der ›reinen‹ empirischen Sozialforschung arbeitet die Soziologie – wie andere Wissenschaften auch – gar nicht direkt mit den Phänomenen der Wirklichkeit, sondern vielmehr mit Vorstellungen über eben diese Wirklichkeit. Das ist ein kleiner, aber wesentlicher Unterschied. Das heißt: Sie abstrahiert. Und das muss sie auch, sonst bleibt nämlich am Ende des Erkenntnisprozesses alles unklar.

Der Trick ist – wie alles Geniale – einfach: Wir machen uns (relativ einfache) Modelle von dem, was wir untersuchen, und untersuchen dann nur mehr die Modelle. Am Ende übertragen wir die Ergebnisse dann wieder auf die Wirklichkeit und nennen das

Resultat Erkenntnis. Die Soziologie will und soll die soziale Realität erfassen und erklären, also arbeitet auch sie genau so.

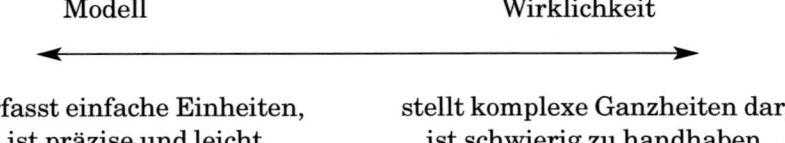

Modell	Wirklichkeit
erfasst einfache Einheiten, ist präzise und leicht zu handhaben	stellt komplexe Ganzheiten dar, ist schwierig zu handhaben, aber realitätsnäher

Je weiter das Modell von der Wirklichkeit entfernt ist – je abstrakter es also ist, desto einfacher ist es zu verstehen und zu handhaben. Aber dieser ›Deal‹ kostet etwas. Die so zu gewinnenden Ergebnisse werden unscharf sein und ihr Nutzen ist nur mehr relativ. Natürlich gilt auch die Umkehr dieses Satzes. Wollen wir also möglichst realitätsnahe und verwertbare Aussagen bekommen, müssen unserer Modelle hochkomplex sein. Damit sind sie aber auch schwieriger zu handhaben.

Diese Entscheidung darüber, welchen Aufwand wir treiben, um zu einem bestimmten Ergebnis zu gelangen, ist aber immer eine Einzelfallentscheidung. Den richtigen Weg zwischen Erkenntnisidealismus und Entscheidungspragmatismus zu finden ist für jede neue Fragestellung eine Herausforderung, der wir uns stellen müssen, und zwar immer wieder.

Wenn ich es recht bedenke, arbeiten ja eigentlich alle so oder so ähnlich, ob sie sich dessen immer bewusst sind und es auch zugeben oder nicht. Und das ist auch gut so, weil: Anders geht es gar nicht – jedenfalls nicht solide und erfolgversprechend. Aber, sollte jemand eine bessere Idee haben: Her damit! Wir sind für (fast) alles offen, wir können über (fast alles) reden.

Wer über abweichendes Verhalten, oft auch als Devianz bezeichnet, nachdenkt, kann wertvolle Hinweise in der Theorie des sozialen Systems von Talcott Parsons bekommen. Danach setzt sich jedes Handlungssystem aus drei Subsystemen zusammen, nämlich aus

— dem personalen System, bestehend aus der Person des Handelnden und seinem Ego,

— dem kulturellen System, bestehend aus Wertvorstellungen, Glaubensinhalten, Wissensbeständen und Sprachvermögen, und

— dem sozialen System, bestehend aus den Beziehungsmodalitäten anderen gegenüber.

Erst wenn diese drei Elemente in einem koordinierten, kooperativen und kontrollierten Verhältnis zueinander stehen, kann die handelnde Person mit all ihren individuellen Bedürfnissen in eine fruchtbare Beziehung zu der jeweiligen Situation mit ihren Normen, Werten und andern Personen treten und erst aus dieser Beziehung ergeben sich Orientierungssicherheiten für die Betroffenen, die ihr Leben weitgehend konfliktarm und stabil machen.

Das ist immer dann der Fall, wenn die wichtigen, sozial relevanten Handlungen inhaltlich den sozialen Erwartungen der anderen entsprechen: Die Gesellschaft befindet sich dann im Zustand inneren Gleichgewichtes.

So weit Talcott Parsons, der große amerikanische Strukturfunktionalist, im (zugegebenermaßen) Schnelldurchgang.

Wer sich zum Thema ›Abweichendes Verhalten‹ äußert, muss aufpassen. Denn wer hat schon die Definitionsmacht, zu bestimmen, was ›Abweichendes Verhalten‹ wirklich ist? Jede Entscheidung darüber ist sehr voraussetzungsvoll, weil jedes Mal der Bewertungsmaßstab, der zur Urteilsfindung eingesetzt wird, mit angegeben werden muss.

Eine mögliche menschenwürdige und begründbare Vorgehensweise sei hier einmal angeboten, wobei die Reihenfolge der Arbeitsschritte auf jeden Fall einzuhalten ist:

1. Verständnis

Jede Norm, deren Erfüllung durch andere verlangt oder zumindest erwartet wird, muss daraufhin überprüft werden, ob und inwieweit sie vom Adressaten überhaupt verstanden worden ist bzw. verstanden werden kann. Wenn schon diese Bedingung (zum Beispiel aufgrund semantischer Probleme oder mangelnden intellektuellen Auffassungsvermögens) nicht erfüllt ist, sind Sanktionen wirkungslos, unanständig und verwerflich.

2. Betroffenheit

Ist die Frage des inhaltlichen Verständnisses positiv beantwortet, ist dem Adressaten seine spezifische Betroffenheit zu vermitteln, denn erst die selbst empfundene Betroffenheitserkenntnis führt dazu, sich mit den jeweiligen Verhaltensanforderungen überhaupt näher zu befassen.

3. Einsicht

Sobald auch dieser Punkt geklärt ist, können wir darangehen, für die ›Einsicht in die Notwendigkeit‹ zu werben, das heißt die Frage zu beantworten, warum es sinn- und vorteilhaft ist, sich so und nicht anders zu verhalten.

4. Fähigkeit

Wenn auch dies gelungen ist, überprüfen wir die Fähigkeit des Betroffenen, eine geltende Regel überhaupt einhalten zu können. Hier gilt: Sanktionen werden sinnlos, wenn eine Norm schlechthin unerfüllbar ist.

5. Wille

Ist eine betroffene Person objektiv in der Lage, den gestellten Anforderungen nachzukommen, muss nun ihr subjektiver Wille, dies auch in Handlungen umzusetzen, hergestellt und gefördert werden. Erst wenn diese Motivationsschaffung geleistet wurde, können wir mit Fug und Recht auch noch den letzten Schritt erwarten.

6. Handlung

Das, was formuliert wurde, ist verstanden, die Betroffenheit ist erkannt, die Einsicht ist erreicht, die Fähigkeit ist gesichert und der Wille ist geschaffen worden. Nun fehlt nur noch die konkrete Befolgungshandlung, um alle an diesem Verfahren Beteiligten zufrieden zu stellen. Sollte diese – wider Erwarten – nicht folgen, sind Sanktionen gerechtfertigt, begründbar und nötig – aber erst dann.

Diese Vorgehensweise hat sich in vielen Bereichen der Pädagogik, der Psychologie, der Medizin, der Soziologie und der Jurisprudenz bestens bewährt und kann für viele weitere Einsatzzwecke empfohlen werden.

Was mir hier auffällt, ist, dass das Thema ›Abweichendes Verhalten‹ oft recht einseitig behandelt wird. Meistens geht es nur noch um negativ bewertete Verhaltensweisen wie Kriminalität, Drogenkonsum, Prostitution oder Selbstmord.

Aber bitte: Wer etwa im Stabhochsprung die Sechs-Meter-Marke überspringt, befindet sich sicherlich mit den wenigen anderen, die das auch schaffen, in guter, nicht aber in zahlreicher Gesellschaft. So hoch springen zu können ist durchaus unnormal, aber doch nicht a priori negativ.

Abweichungen von der Norm finden wir also auch im Bereich des Spitzensports, künstlerischer Sonderbegabungen oder elitären Leistungsverhaltens in allen Bildungseinrichtungen. Soziologisch und pädagogisch gesehen sind Hochbegabte anstrengend und schwierig. Es hängt viel weniger vom Betroffenen als vielmehr von den gesellschaftlichen Rahmenbedingungen ab, ob sich aus Hochbegabung auch Höchstleistung entwickelt bzw. überhaupt entwickeln kann.

Die besseren Chancen haben natürlich diejenigen, die ihre

Kindheit in einem liebevollen Elternhaus verbracht haben, in dem sie ein positives Selbstwertgefühl haben aufbauen können. Die Problematik der grob fahrlässigen Unterforderung und der notwendigen Eliteförderung haben wir noch gar nicht überall als gesellschaftliches Problem erkannt.

Der Begriff ›Leistung‹ stammt ursprünglich aus den Naturwissenschaften und diente schon immer zur Bezeichnung physikalischer Energieformen (PS, Watt usw.). Bei der Übertragung dieses Begriffs in den individuellen und sozialen Bereich bekommen wir allerdings Probleme. Die Hauptschwierigkeit besteht in der Messbarkeit von Leistungen. Üblicherweise messen wir etwas, um es mit anderen Daten vergleichen zu können, und wir vergleichen, um bewerten zu können. Das ist allerdings nur dann sinnvoll, wenn die Basis des Vergleiches (und damit auch der Messung) ebenfalls gleich ist. Äpfel mit Birnen zu vergleichen, macht eben wenig Sinn.

Nun haben wir es in der Soziologie sehr häufig mit Leistungen zu tun, die zwar messbar sind, deren Wert sich aber nur sehr individuell angeben lässt. Die Leistung eines behinderten Sportlers etwa, der die 100-Meter-Strecke in 15 Sekunden absolviert, kann – subjektiv – eine absolute Spitzenleistung sein; ein Vergleich mit unbehinderten Läufern wäre höchst unfair und unsinnig. Werden solche Vergleiche doch angestellt, kommt es unweigerlich zum Leistungsfetischismus, der dadurch entsteht, dass der Einzelne nicht mehr als solcher ›ernst‹ genommen wird, sondern dass er auf seine scheinbar messbare Leistung reduziert wird.

Ein gesundes Leistungsstreben ist anthropologisch individuell und kann erst in der Summierung (Kollektivierung) soziale Wirkung haben.

Damit hier keine Missverständnisse aufkommen: Leistung ist sowohl zur Entwicklung des einzelnen Menschen als auch zur Entwicklung der Gesellschaft notwendig und wichtig. Unsinnig und pervers wird das Leistungsprinzip allerdings immer dort, wo Messungen auf ungleicher Basis stattfinden, wo also Unvergleichbares miteinander verglichen wird. Leistungsbewertungen werden so ungerecht und die individuellen und sozialen Folgen werden höchst schädlich sein.

Übererfüllung sozialer Erwartungen und Normen können ebenso wie ihr Gegenteil zu sozialer Isolation, Kommunikationsschwierigkeiten, Desinteresse und Antriebslosigkeit führen. Das sollten wir – bei aller Leistungsbereitschaft – nicht vergessen!

Schon vor über einem halben Jahrhundert (1951) hat uns der amerikanische Soziologie Edwin M. Lemert hier eine wichtige Hilfestellung gegeben. Er legt zu Recht großen Wert auf die Unterscheidung zwischen der primären und der sekundären Abweichung, was durchaus sinnvoll ist:

Primäre Abweichung meint dabei den eigentlichen Normenverstoß, den jemand begeht, mit allem, was dazugehört: Verschleierungsstrategien, Verharmlosungsargumentationen und Entschuldigungskonstruktionen. Sekundär ist eine Abweichung dann, wenn sie als Reaktion auf die Sanktionierung oder Stigmatisierung erfolgt, die wegen der primären Abweichung wirksam geworden ist.

Nur wenn wir beide Varianten von Devianz berücksichtigen, bekommen wir ein vollständiges Bild des zu behandelnden Problems.

Klingt kompliziert, ist es aber nicht wirklich, jeder kann hierzu in seinen ganz persönlichen Sozialbezügen anschauliche Beispiele finden.

Das erhöht die Anschaulichkeit erheblich, sollte man mal machen!

Arbeit und Geld: Beruf

Arm ist nicht der, der wenig hat, arm ist der, der
mehr zu haben wünscht.

›Geld allein macht nicht glücklich‹, Arbeit allein aber auch nicht!
Brauchen wir also eigentlich beides, Arbeit und Geld? Um mein
Leben zu finanzieren, bräuchte ich eigentlich keine Arbeit, sondern
nur Geld. Um aber an Geld zu kommen, brauche ich Arbeit. Wer
weder Arbeit noch Geld hat, ist ganz arm dran.
  Früher hatten die Menschen oft sehr viel Arbeit und recht wenig
Geld, heute ist es oft umgekehrt. Das Hauptproblem der Wohlstands-
witwe mit reichlichem Immobilienbesitz ist nicht ihre Alters-
Arbeitslosigkeit, sondern ihr Reichtum: Wie soll sie ihn verwalten?
Wem soll sie ihn vererben. Wie stehen die Aktienkurse? Was macht
die Inflationsrate? Wem kann sie in Finanzfragen überhaupt ver-
trauen? Lauter Fragen, die sich der Arme nicht stellen muss. (Im
Jahre 2003 gab es allein im Bundesland Nordrhein-Westfalen
755.000 Geldmillionäre, Immobilien- und Sachwerte nicht mitge-
rechnet.)
  Im Grunde geht es also ums Geld. Arbeit ist dabei ein Mittel zum
Zweck, eine Beschaffungsmethode. Man könnte auch andere Metho-
den einsetzen, z. B. das Glücksspiel oder einen Banküberfall. Bei
Erfolg führen beide viel schneller zu viel größerem Reichtum als die
Arbeit. Allerdings genießen beide auch ein deutlich geringeres ge-
sellschaftliches Ansehen, letzterer ist sogar kriminell, wie die meis-
ten wissen werden. Also: Ran an die Arbeit!

Auch auf die Gefahr hin, missverstanden zu werden: Ich absolvierte
mein Studium schnell und erfolgreich. Nicht etwa, weil ich so geni-
al oder so fleißig war. Nein, ich wollte lediglich wissen, was danach
kommt. Die Neugier hatte wieder einmal die Oberhand gewonnen.

Unmittelbar nach meinem Diplomexamen ließ mich mein betreuender Professor zu sich kommen um mich zu fragen, ob ich mir zutraute, als sein wissenschaftlicher Assistent zu arbeiten, das hieß: Seminare zu leiten, Diplomarbeiten zu korrigieren und Studierende in allen Belangen zu beraten. Natürlich konnte ich das, erinnerte ich mich doch noch sehr gut daran, wie viel Unsinn ich im Laufe meines Studiums von Professoren schon gehört hatte. Das relativierte vieles.

Warum also sollten nicht auch Studenten, die gerade ihr Studium abgeschlossen hatten (so wie ich), einmal eine Weile lang dummes Zeug reden?

Außerdem war ich ganz scharf darauf, Lehrveranstaltungen zu managen, in denen die wirklichen Probleme des Lebens bearbeitet wurden, hatte ich doch schon zu oft Seminare erlebt, in denen Probleme behandelt wurden, die bis dahin überhaupt noch kein Mensch hatte.

Doch ich formulierte meine Antwort natürlich diplomatischer: Gern würde ich mich dieser Herausforderung stellen und mir alle Mühe geben, das in mich gesetzte Vertrauen nicht zu enttäuschen. Ich war jung und brauchte das Geld und ich bekam den Job.

Und nun ging es wirklich sensationell los. Anlässlich eines ›Deutschen Soziologentages‹ erlebte ich den ›großen‹ Norbert Elias live. Wieder war das so eine Art Schlüsselerlebnis für mich. Es war schon grandios, wie dieser körperlich wirklich kleine alte Mann die Bühne eines riesigen Kongresszentrums betrat und uns allen in freier Rede ohne irgendwelche Hilfsmittel, den Nutzen und den Wert der Soziologie erläuterte. Er sprach länger als alle seine Vorredner, bei deren Referaten man einzuschlafen geneigt war, aber dennoch viel zu kurz. Wir alle hätten ihm noch stundenlang zuhören können.

Hier wurde mir einmal mehr deutlich, wie wichtig die Sprache als Transportmittel für Ideen, Phantasien, Ideologien und Wahrheiten ist und wie bedeutsam es ist, dass die geeigneten Personen als ihre personalen Träger auftreten.

Wertvolle Geschenke pflegen wir ja auch dekorativ zu verpacken und anlässlich eines Gourmetessens legen wir Wert auf eine ansehnliche Tischdekoration. Genauso müssen wichtige Erkenntnisse in einer ihnen angemessenen Sprachform vermittelt werden. Was nützt mir die tollste Idee, wenn ich sie nicht verständlich zielgruppenorientiert transportieren kann? Und was nützt alle circensisch-ästhetisierende Sprachkunst, wenn ich inhaltlich nichts mehr mitzuteilen habe, wenn mir nichts Vernünftiges mehr einfällt?

So, jetzt muss ich erst einmal die neuen, hier an der Universität geltenden Regeln verinnerlichen bzw. internalisieren, wie ich ja jetzt sagen muss. Sprache ist eben auch ein oft eingesetztes Instrument zur sozialen Abgrenzung. Das habe ich schon oft festgestellt: Sprache immunisiert und selektiert. Wissenschaftssprache erst recht. Also lernte ich jetzt wieder einmal eine ›Fremdsprache‹.

Das Verfahren ist simpel. Man muss nur fleißig trainieren, einfache Sachverhalte sprachlich so kompliziert zu verpacken, dass man immer wieder die Grenzen der Verständlichkeit absichtsvoll überschreitet. Die soziale Anerkennung als klug, informiert, gebildet oder intellektuell wird nicht lange auf sich warten lassen.

Kritisieren kann man logischerweise nur das, was man vorher verstanden hat. Also gibt es Menschen, die sich so unverständlich ausdrücken, dass sie schon deswegen unkritisiert bleiben, weil sie selbst die Einzigen sind, die sich noch verstehen. Aber auch dies ist keine unverzichtbare Bedingung mehr – es ist schlichtweg egal. So einer wollte ich nicht werden.

Nun gut, mit meinem bisherigen Studentenslang komme ich jetzt nicht mehr weiter. Ich muss die Sprachebenen von Studierenden, Lehrenden und anderen Kollegen gleichermaßen beherrschen lernen und auf Anhieb treffsicher zwischen ihnen hin und her wechseln können. Ebenso muss ich die Verhaltensrituale in Gremiensitzungen, in Mitarbeiterbesprechungen, Seminaren und Sprechstunden beherrschen, um die jeweiligen Erwartungen meiner Kommunikationspartner nicht zu enttäuschen. Was ich auf jeden Fall vermeiden wollte, war, mit anderen Menschen nur noch zu reden, also leere Worthülsen mit ihnen auszutauschen, ohne wirklich mit ihnen zu kommunizieren.

Eigentlich dürfte das kein unlösbares Problem werden. Zielgruppenorientierte Ansprache gehört ja wohl zum unverzichtbaren Rüstzeug eines jeden Lehrers, und sei es ein Hochschullehrer.

Angeblich ist ja Arbeit das halbe Leben. Mag ja sein. Aber wenn dem tatsächlich so ist, so würde mich die andere Hälfte doch auch brennend interessieren. Den großen materialistischen Theorien von Karl Marx und anderen zufolge ist Arbeit ja ökonomisch lebenswichtig und philosophisch sinnstiftend. Das Sein bestimmt ja angeblich das Bewusstsein und nicht etwa umgekehrt. Irgendwie kann das aber wohl nicht ganz stimmen. Meine bisherigen Erfahrungen (übrigens auch keine schlechte Quelle für Erkenntnis) sprechen eigentlich eher dagegen.

Und so stimmt der alte Spruch: ›Arbeit ist das halbe Leben‹ eben doch schon lange nicht mehr. Quantitativ arbeiten wir heute viel weniger als die Hälfte unseres Lebens und qualitativ bin ich mir da auch nicht mehr so sicher, ob die Arbeit wirklich der lebensbestimmende Faktor ist. Für die Zukunft werden wir uns da sicher etwas Neues einfallen lassen müssen. Good bye, Charly Marx!

In der griechischen Antike galt die ›vita contemplativa‹ als Inbegriff einer wahrhaft menschlichen Lebensführung. Die Muße wurde nicht als notwendige Erholungsphase auf dem Weg zu angestrebten Leistungszielen verstanden, sie war vielmehr das Ziel selbst, sie hatte ihren der Würde des Menschen entsprechenden Wert an sich. Körperlich anstrengende Arbeit hingegen war nicht mehr als ein notwendiges Übel, im Grunde war sie ›unwürdig‹, sie wurde, wo immer es möglich war, von Sklaven und anderen Bediensteten verrichtet.

Diese Vorstellung hat sich später in ihr Gegenteil verkehrt, gilt doch (zum Teil bis heute) gerade jene Betätigung als anerkennenswert, die deswegen als ›Leistung‹ interpretiert werden kann, weil sie, z. B. durch Geldzahlungen (Lohn, Prämie, Gehalt, Rente), intersubjektiv bewertbar erscheint. Der Ursprung dieses Denkens liegt zweifellos im Alten Testament, das den Menschen ja nicht unwesentlich durch Arbeit, Mühen und Leiden definiert.

Einer der größten deutschen Soziologen, Max Weber, hat bereits vor exakt einhundert Jahren (1904) die immanente Sinngebung der kapitalistisch orientierten Arbeitswelt plastisch beschrieben:

›Der Gelderwerb ist, sofern er in legaler Weise erfolgt, innerhalb der modernen Wirtschaftsordnung das Resultat und der Ausdruck der Tüchtigkeit im Beruf.‹

Das war keineswegs schon immer so. Ein kleiner Blick zurück macht das deutlich. Die historische Entwicklung von der in Zünften organisierten Handels- und Handwerksgesellschaft zur nach-indus-triellen Freizeitgesellschaft führte zu einer strikten Trennung des Sinnes der Arbeit und der Funktion der Arbeit. Ein früher einmal vorhandenes Arbeitsethos verkümmerte mehr und mehr. Im Vordergrund steht heute die materielle Erwerbsfunktion der Arbeit.

Dies äußert sich auch darin, dass wir heute in den meisten Bereichen ja nicht die Arbeit selbst entlohnen (bezahlen), sondern – wenn wir ehrlich sind – nur die Arbeitszeit. Das Arbeitsprodukt, das tatsächliche Ergebnis, tritt dabei deutlich in den Hintergrund. Leistungsbezogene Bezahlung z. B. in der öffentlichen Verwaltung wird so wohl noch lange eine Utopie bleiben.

Das geschieht natürlich nicht aus Dummheit oder Ignoranz, es ist vielmehr aus der Not heraus geboren, anders das Problem der Quantifizierung nicht lösen zu können. Die Zeit ist leicht messbar und wenn wir Anwesenheitszeit am Arbeitsplatz mit Arbeitszeit gleichsetzen, ist das Problem – zumindest formal – gelöst. Etwas Besseres ist uns bislang offensichtlich noch nicht eingefallen.

Und dies spiegelt sich auch längst in unserer Umgangssprache. Wir empfinden kaum noch ›Berufungen‹, wir erledigen vielmehr unseren ›Job‹. Wir halten die Arbeitslosigkeit für ein großes Übel, meinen aber oft nur die damit verbundene Mittellosigkeit und Minderversorgung der Betroffen. Wir sagen ›Arbeit‹ und meinen ›Geld‹.

Wir sind es gewohnt, in Gegensätzen zu denken und zu argumentieren. Diese Denkweise ist einfach und daher höchst populär. Die Devise ist: ›entweder – oder‹, ›pro oder contra‹. Arbeit assoziieren wir demnach mit Fremdbestimmung, Abhängigkeit und Zwang, Freizeit mit dem Gegenteil.

Aber jetzt müssen wir darauf achten, nicht in die selbst gegrabene Grube zu fallen. Wäre nämlich diese rein dualistische Betrachtungsweise, die Arbeit und Freizeit als Gegensätzlichkeit betrachtet, auch nur halbwegs richtig, so ergäbe sich daraus der soziologisch sensationelle Befund, dass sich über die Hälfte der Bevölkerung moderner Industriestaaten im Zustand totaler Freiheit befände. Denn inzwischen arbeitet bei uns nur noch eine Minderheit. Kinder, Hausfrauen, Kranke, Rentner und Arbeitslose machen zusammen nämlich bereits mehr als fünfzig Prozent der Bevölkerung aus.

Im Verlaufe der industriellen Entwicklung hat die Entfremdung im Arbeitsbereich viele Menschen unfähig werden lassen, individuelle Verhaltensfreiheiten zu praktizieren und zu tradieren. Moderne Sozialtechniken, die nun gerade nicht tradiert, sondern technisch-organisato-risch determiniert sind, steuern uns zwar fast perfekt, führen aber bei Ausfall solcher Steuerungen zu absoluter Orientierungslosigkeit: Wir werden hilflos und entscheidungsschwach. ›Freizeit‹ beantwortet zwar die Frage, wovon wir denn befreit werden, von entfremdenden Arbeitszwängen nämlich, nicht aber die Frage nach dem ›Wofür‹. Was kann ich mit dieser Freiheit denn nun anfangen?

Pädagogik, Journalismus und Werbung setzen hier massiv ein und weisen uns auf angenehme Art und Weise den Weg in eine Gesellschaft konsumorientierter Konformität. Und die meisten von uns lassen sich das gerne gefallen.

Mit der Arbeit ist es doch wie mit der Temperatur. Es ist relativ einfach, mit exakten Messungen ihren objektiven Wert zu ermitteln. Aber wichtiger ist doch etwas anderes. Die subjektiv empfundenen Hitze- bzw. Kältegrade können erheblich vom objektiven Wert abweichen, sie gelten nur für den betroffenen Einzelnen: subjektiv gefühlte Temperatur. Genauso müssen wir Arbeitsbelastungen analysieren.

Nicht die objektiven Anforderungen, Belastungen und Entlohnungen sind das Spannende, sondern die subjektiv gefühlte Arbeitsbelastung und -befriedigung, die persönlichen Empfindungen bezüglich des Verhältnisses von Aufwand und Ertrag, von Erfolgs-

erlebnissen und Frustrationen. Es ist so einfach, wird aber so oft vergessen: Der Mensch ist ein Subjekt, kein Objekt.

Die immer weitere Reduzierung der Arbeitszeit war eines der klassischen Kampfziele der Arbeiterbewegung des 19. und 20. Jahrhunderts und hat dazu geführt, zeitliche Freiräume im Rahmen individueller Lebensführung entstehen zu lassen, die sich nun ihrerseits als ein neues Problem darstellen. Quantitative Abnahme fremdbestimmter Arbeit (Arbeit als notwendiges Übel) wird allerdings nur so lange als sozialpolitischer Fortschritt gewertet, wie sie unvollständig bleibt.

Sobald die Reduzierung fremdbestimmter Berufstätigkeit jedoch jenen Punkt erreicht, an dem sie die Lebensgestaltung des Einzelnen dominiert, wird aus ihr etwas zutiefst Verwerfliches oder gar Unmenschliches: individuelle Faulheit oder ungewollter Verlust des Arbeitsplatzes; beides genießt in unserer Gesellschaft ein nicht gerade hohes Ansehen.

In Zeiten wachsender Arbeitslosigkeit nimmt natürlich der Bereich ungewollter Freizeit immer mehr zu. Wir sind auf dem Wege zu einer Teil-Arbeitsgesellschaft. Das hat Gründe und Folgen:

Erstens:

Der quantitative Rückgang an Arbeitszeit (bezogen auf den Arbeitstag, die Arbeitswoche, das Arbeitsjahr und die Lebensarbeitszeit) führt zu einer Entwertung der Arbeit schlechthin. Damit verliert sie ihre soziologische und psychologische wertsetzende und wertvermittelnde Funktion, insbesondere für jüngere Menschen.

Zweitens:

Wir stellen zum Zweiten eine wachsende Orientierungslosigkeit in der Sinnfrage fest. Insoweit die Arbeit nicht mehr den dominierenden Einfluss auf die Gestaltung der unterschiedlichen Lebensabschnitte (Kindheit, Jugend und Alter) hat, entsteht ein Vakuum bei der Beantwortung der Frage nach dem Sinn des Lebens überhaupt.

Drittens:

Das ›Abreißen der Tradition‹ (Konrad Lorenz) führt dazu, dass immer seltener fraglose und damit unproblematische Übernahmen tradierter Denk- und Handlungsmuster stattfinden. Die Tradition funktioniert als Sinnvermittlungsinstanz kaum noch. Legitimationen für oder gegen irgendetwas lassen sich aus ihr nicht mehr wirklich herleiten.

Viertens:

Das Verschwinden der Mehr-Generationenfamilie aus der sozialen Realität führt dazu, dass wir immer mehr indirekt, also technich vermittelt, miteinander kommunizieren. Wir kommunizieren viel, aber oberflächlich. Das war früher genau umgekehrt.

Unsere Gegenwart ist natürlich immer das Ergebnis von historischen Prozessen. Diese ungeschehen machen zu wollen ist weder sinnvoll noch möglich. Notwendig ist aber ein gehöriges Maß an Skepsis gegenüber allzu unkritischen Adaptionen von Entwicklungsschritten, die oft schon nur deswegen als fortschrittlich gelten, weil sie irgendeiner scheinbaren Sachlogik folgen.

Fünftens:

Gerade das Verhältnis von Arbeit und Nicht-Arbeit scheint zur- zeit mit einer ideologischen Tarnkappe versehen zu sein, die es uns immer noch sehr schwer macht, in diesem Bereich auf den Ebenen der Erkenntnis, der Analyse, des Verstehen und der Problemlösung zu vernünftigen Ergebnisse zu kommen.

Eine gewisse Schizophrenie besteht ja gerade darin, dass die Bereiche ›Schattenwirtschaft‹ und ›Schwarzarbeit‹ zunehmen, während der so genannte Erste Arbeitsmarkt das Arbeitskräfteangebot nicht mehr beschäftigen kann. In Wirklichkeit ist genug Arbeit für alle da, aber die Kosten – insbesondere die Lohnnebenkosten – sind nicht mehr aufzubringen.

Sechstens:

Wir sind also auf dem Wege in die Nicht-Arbeitsgesellschaft. Dies kann und darf nun aber nicht nur eine Gesellschaft von Kinderbetreuerinnen, Urlaubsanimateuren und Seniorenmanagern sein.

Die eigentlichen Herausforderungen kommen erst noch auf uns zu: Wer beantwortet mit welcher Berechtigung die Sinnfrage, wer bietet uns Leitlinien für unser Denken und Handeln an und wer hilft dort, wo Hilfe am nötigsten ist, bei den Armen, Schwachen, Gehandicapten und Alten.

So, nachdem ich mein Studium nun hinter mich gebracht habe, geht es darum, zu entscheiden, was ich eigentlich in den nächsten – sagen wir einmal – vierzig Jahren beruflich machen will.

Wenn ich es recht bedenke, kann ich rückblickend ja froh darüber sein, dass die Soziologie in allen Schulen, die ich von innen gesehen habe, keinerlei Rolle spielte. Denn genau das war ja seinerzeit der Grund für meine Studienwahl. Heute verstehe ich es überhaupt nicht mehr, dass die Soziologie nicht spätestens von der 5. Klasse an Pflichtfach in allen Schulen ist. Natürlich müsste dann anderes aus den Lehrplänen gestrichen werden. Aber da hätte ich eine lange Liste an Vorschlägen bei Bedarf schnell zur Hand.

In den vergangenen Semestern habe ich es ja gelernt, systematisch vorzugehen. Also tue ich das jetzt noch einmal aus ganz eigennützigen Gründen. Welche Kriterien sind bei der Berufswahl zu berücksichtigen? Neigung, Kompetenz, Verdienstmöglichkeiten, Arbeitszeiten, Karriereaussichten?

Halt, da fehlt doch noch was! Spaß, ja richtig, was ist denn damit? Ist diese Welt denn nicht schon ernsthaft genug? Gehören Spaß und Humor denn nur in die Privatsphäre, nur in den Freizeitbereich?

Ich denke, es wäre einen Versuch wert, den Spaß auch in das Berufsleben hineinzutragen; ich bin mir ganz sicher: Er könnte sogar leistungsfördernd sein. Und Anhänger des Leistungsgedankens sind wir doch fast alle – auf die ein oder andere Art.

So, jetzt stehen also die karriereentscheidenden Schritte an. Ich habe schnell studiert, zügig promoviert und schon eine Weile als wissenschaftlicher Assistent an der Universität gearbeitet. Nun will ich auch endlich Geld verdienen. (Die Gehälter von Uni-Assistenten werden meist irrational überschätzt.)

Und dann ging alles ganz schnell und unspektakulär. Eigentlich nur so aus Spaß bewarb ich mich nach dem Motto ›Frechheit siegt‹ um eine Professorenstelle für Soziologie und bekam sie. Das war's. Es tut mir ja fast Leid, an dieser entscheidenden Stelle meiner Biographie keine dramatischere Geschichte erzählen zu können, sorry about that! Eigentlich konnte das alles gar nicht wahr sein.

Nun hatte ich alles erreicht, was ich erreichen wollte. Und wieder kam mir meine lebensbegleitende Basisfrage in den Sinn: Was kommt denn jetzt?

Nun waren die Weichen gestellt und ich wechselte von der Seite der Lernenden zu der der Lehrenden, wobei ich mir allerdings vorbehielt, immer wieder einmal zwischen den ›Fronten‹ hin- und herzuwechseln. Als Entschuldigung bzw. Begründung hierfür kann ich nur angeben: Das ist lehrreich und macht Spaß.

Was unserem Freund da bislang passiert ist, geschieht eigentlich jedem jungen Menschen in vergleichbarer Situation. Man hat zielgerichtet gelernt, war fleißig und nun weiß man nicht mehr so recht weiter, bis sich urplötzlich oder schleichend unerwartete Entwicklungen ergeben, die man nicht eigentlich hat kommen sehen.

Genau das Gleiche ist der Soziologie selbst als Wissenschaft ja auch zugestoßen. Verstand sie sich am Anfang noch als eine allgemeine Kulturwissenschaft, so zergliederte sie sich im Laufe ihrer Entwicklung in eine Vielzahl von so genannten Bindestrich-Soziologien, die sich, der Komplexität und Kompliziertheit des Gegenstandes folgend, immer weiter voneinander entfernten: Jugend-Soziologie, Kultur-Soziologie, Arbeits-Soziologie, Bildungs-Soziologie, Sport-Soziologie oder Kriminal-Soziologie. Kein halbwegs wesentliches Substantiv, das nicht mit dem Begriff ›Soziologie‹ kombiniert wurde.

Ganz offensichtlich teilt die Soziologie dieses Schicksal mit allen anderen höher entwickelten Wissenschaften wie der Molekular-Biologie, der Gentechnologie oder der ›subkutanen Urknall-Archäologie‹.

Beruflich und privat habe ich es nun immer wieder und immer öfter mit den unterschiedlichsten Typen von Menschen zu tun.

Am unangenehmsten erscheinen mir immer die, bei denen das Denken und das Sprechen unabhängig voneinander stattfinden. Davon gibt es viel mehr, als man denken mag. Das sind die Lügner und Täuscher. Sie agieren meist nach dem Grundsatz: Nichts auf der Welt ist so gerecht verteilt wie der Verstand. Jeder glaubt, genug davon mitbekommen zu haben. Natürlich ist dies ein verhängnisvoller Irrtum. Aber allein diesen zu erkennen bleibt den Betroffenen ja versagt – ansonsten wären sie ja nicht betroffen. Das sind jene Menschen, deren permanente Abwesenheit niemandem geschadet hätte.

Dann gibt es die Egoisten. Sie sind zwar auch ziemlich lästig, aber wenigstens ehrlich. Sie orientieren sich im Denken wie im Handeln an ihrem subjektiven Individualvorteil und sind immer das Zentrum ihrer eigenen Welt, so begrenzt sie auch sein mag. Sie kommunizieren nach dem Motto: Wenn der Kuchen redet, haben die Krümel Pause, und ich bin der Kuchen! Ihr Selbstbewusstsein ist unlimitiert. Der Struktur ihrer Grundeinstellung zufolge werden sie notwendigerweise zu Einzelgängern. Soziale Isolation ist immer der Preis für ein Leben auf Kosten anderer.

Reichtum und Wohlhabenheit sind auf diese Art und Weise durchaus zu erreichen, Freunde gewinnt man so nicht.

Schließlich darf nicht unerwähnt bleiben, dass man immer wieder auf Menschen trifft, die im Grunde uninteressant sind, die man ignorieren könnte, wenn sie nicht so lästig wären. Sie benehmen sich wie ein Loch in der Landschaft und vermitteln dir das Gefühl, in einem permanenten Krisengebiet zu leben. Sie hinterlassen, wo immer man auf sie trifft, nachdenkliches Unverständnis und lang andauerndes Kopfschütteln.

Leider gibt es von diesen drei Sorten Menschen reichlich. Sie sind oft von einem hohen Maß an Immunität jeder Erkenntnis und

Einsicht gegenüber gekennzeichnet. Man sollte sie meiden, wo immer man kann. Ignorieren, nicht therapieren ist hier die Devise. Hat man zu viel Kontakt mit derartigen Exemplaren menschlicher Spezies kommen einem unweigerlich Wahrheiten und Sicherheiten abhanden, die man aber dringend braucht, um in seinem eigenen Leben festen Boden unter die Füße zu bekommen und zu behalten, das heißt im wörtlichsten Sinne: einen Standpunkt zu haben.

Spannender aber finde ich andere. Zum Beispiel diejenigen, die offen nach außen und stark nach innen sind. Wer auf sie trifft, sollte sich glücklich schätzen, denn bei ihnen weiß man, ›wo man dran ist‹, sie sind in Aktion und Reaktion kalkulierbar. Sie sind ehrlich, auch in der Verschiedenartigkeit und im Widerspruch. Von ihnen kann man profitieren, ohne sie auszubeuten, auf sie kann man sich verlassen, ohne verlassen zu sein. Sie sind so angenehme Zeitgenossen, dass man sie lieber zu Feinden haben würde, als sie gar nicht zu kennen. Das sind die Richtigen!

Wer nur zwei oder drei derartiger ›Gesellschafts-Asse‹ in seinem Spiel (= Leben) hat, kann ohne weiteres Dutzende von ›Sozial-Nieten‹ verkraften.

Soziologisch gesehen ist dies die Stelle, an der Quantität und Qualität sozialer Beziehungen immer wieder neu bewertet werden müssen. Man muss sich entscheiden! Nicht Position zu beziehen ist die schwächste aller Positionen.

Die meisten Menschen bestreiten ihr tägliches Leben recht weitgehend mit Vorurteilen. Nimmt man die Worte wörtlich, so bedeutet dies, dass sie oft urteilen, ohne vorher den entsprechenden Sachverhalt geprüft zu haben. Das ist bequem, geht schnell und macht keine Arbeit.

Vorurteile entlasten uns alle also von permanentem Entscheidungsdruck; eigentlich eine angenehme Sache. Aber warum streben wir dennoch immer danach, vorurteilsfrei zu sein; und wir fordern das auch immer wieder von anderen. Wir leben mit unseren Vorurteilen zwar recht gut, haben aber dabei dauernd ein schlechtes Gewissen; und das zu Recht.

Wie sehr wir Vorurteile unreflektiert in unseren Alltag übernehmen, sehen wir an Formulierungen wie: eine Sache ist ›getürkt‹

oder: irgendetwas kommt einem ›spanisch‹ vor. Was die Türken oder die Spanier damit zu tun haben, ist völlig unerfindlich, aber solche Formulierungen werden über Generationen hinweg tradiert.

Wie kommen wir nur aus dieser Zwickmühle heraus? Mit etwas mehr Sprachdisziplin unter dem Motto: Der Hass vergrößert vielleicht den Wortschatz, die Liebe aber bereichert die Sprache. Also: erst denken, dann reden!

Übrigens ist dieses Dilemma ein typisches Erwachsenenphänomen, Kinder kennen diese Probleme nicht.

Wir alle streben heute mehr denn je nach sozialen und wirtschaftlichen Absicherungen aller Art. Wir versichern uns gegen alles und jedes: Krankheit, Unfall, Arbeitslosigkeit, Einbruchsdiebstahl und schlechtes Wetter. Wir versichern uns, unsere Kinder und unseren Hund. Wir wollen vor bösen Überraschungen geschützt sein.

Die sich hierin äußernde Angst ist im Grunde ein Indiz für Unsicherheit. Und tatsächlich leben wir in einer sehr gefährdeten und gefährlichen Risikogesellschaft. Diese Gesellschaft ist gefährdet, weil sie dabei ist, ihre Fundamente zu verlieren, ohne alternative Konzepte zu entwickeln, wir leben in der Phase der McDonaldisierung, das heißt, wir profanisieren nicht nur unsere Esskultur, sondern auch unsere Geisteskultur. (Oh, gerade merke ich, dass meine Sprache schon die ersten professorale Züge annimmt.)

Alternative Ansätze hat es in der Vergangenheit mehrfach gegeben: Die ›Ostermarsch-Kampagne‹, die ›Europa-Idee‹, der ›Umweltschutz-Gedanke‹, die ›Eine-Welt-Bewegung‹ und die ›Ökologie-Aktionen‹ sind Beispiele für in den Anfängen stecken gebliebene gesamtgesellschaftliche Wertealternativen. Nichts davon ist jedoch auf Dauer zu einer tragfähigen Massenbewegung geworden.

Diese Gesellschaft ist aber auch gefährlich, weil die in ihr wirkenden Risiken (wie z. B. Krieg, Massenarbeitslosigkeit, Umweltzerstörung, wirtschaftlicher Niedergang) nicht mehr individuell zu managen sind. Vieles wird gesellschaftlich verursacht und muss nur in seinen Folgen individuell getragen werden: Gewinne werden privatisiert, Verluste sozialisiert. Früher war dies genau umgekehrt.

Wir werden uns auf weitere Reduzierungen religiöser Werthaltungen einzustellen haben; die Kirche (insbesondere die katholische) wird an Gehör und Gefolgschaft verlieren. Den Gewerkschaften werden die Mitglieder davonlaufen, soweit sie es nicht schon getan haben.

Der Staat wird auf allen seinen Ebenen zur Versorgungseinrichtung für Beamte degenerieren. Er taugt nicht länger als Wertsetzungs- und Wertvermittlungsinstanz. Immer weniger Menschen orientieren ihr Handeln am Wohl der Allgemeinheit. Der Rückzug ins Private, zu den kleinen, überschaubaren sozialen Einheiten, ja in die ›neue Innerlichkeit‹ ist in vollem Gange.

Hier wäre eine Renaissance der Familie möglich, wenn nicht bereits viele Eltern verunsicherter wären als ihre Kinder und wenn die Familie nicht längst von einer lebenslangen Gemeinschaft zu einer Zeit-Gemeinschaft geworden wäre.

Um legitimerweise verlangen zu können, dass junge Menschen heute Verantwortung tragen sollen, müssen wir Erlebens- und Erlebnisräume bereitstellen, damit aus erlebtem Handeln Betroffenheit entsteht. Die sprachlich vermittelte Belehrung vermag dieses nicht mehr zu leisten.

Unsere ›Überflussgesellschaft‹ bietet durch die Fülle der in ihr angebotenen Waren und Dienstleistungen nicht nur Entlastungen und Bequemlichkeiten aller Art im Bereich der materiellen Versorgung, sondern verlangt von jedem von uns permanente Orientierungs- und Entscheidungsleistungen, die zu einer neuen Art der Belastung werden.

Der gegenwärtig ablaufende Wertewandel, der weitgehend einen Werteverlust darstellt, wirkt sich auch massiv auf den Einzelnen aus: Persönliche Leistung und individuelles Engagement sind nicht mehr Teil des Lebenssinnes, sondern Mittel zum subjektiven Zweck des Gelderwerbs gegen den möglichst geringsten Widerstand, ein zutiefst ökonomisches Prinzip. Zunehmend mehr Menschen können sich ein Leben ohne Arbeit durchaus attraktiv vorstellen, nicht jedoch ein Leben ohne Versorgung.

Aber was ist mit solchen Tätigkeiten, die ohne jeden wirtschaftlichen Hintergedanken geleistet werden und die dennoch durchaus Sinnvermittlung leisten und Befriedung verschaffen? Freiwillige soziale Arbeit und alle Varianten ehrenamtlicher Tätigkeiten. Eine gute I-dee, aber am Image und am Prestigewert derartiger Aktivitäten muss noch viel gearbeitet werden. Chancenlos ist das jedoch nicht!

Der ›berufliche Erfolg‹ stand in der Werteskala bisheriger Generationen regelmäßig auf Platz drei hinter den Werten ›Gesundheit‹ und ›Frieden‹. Dies hat sich, insbesondere was die jüngere Generation angeht, massiv geändert.

Die jungen Karrieristen von heute entdecken mehr und mehr die Lust am ganzen Leben. Sie leben nicht mehr vom Job und für die Karriere allein. Für sie heißt ›berufliche Karriere‹ in erster Linie: eine Arbeit zu haben, die Spaß macht und die Versorgung auf möglichst hohem Niveau sichert.

Was aber soll ich denn nun von all dem halten? Ich denke, es ist vielleicht alles doch nicht ganz so schlimm, wie es sich vielleicht anhört.

Ein breit gefächerter Wertepluralismus produziert zwar keine Allgemeinverbindlichkeiten mehr, ist aber allemal ungefährlicher als verabsolutierende Werte, die zwar Gleichförmigkeit und Berechenbarkeit herstellen, diese aber mit Alternativlosigkeit und Freiheitsverlusten erkaufen müssen. Dennoch bleibt die Frage nach den neuen individuellen Antriebskräften für verantwortliches politisches, berufliches und privates Handeln. Ich gebe zu, dass diese Position urliberale Züge aufweist.

Natürlich bringt der Abbau von Selbstverständlichkeiten neue Unsicherheiten mit sich. Dies deutet sich bereits seit langer Zeit in einer Zunahme von Rechtsstreitigkeiten in allen Lebensbereichen an. Besonders groß ist die Klage- und Prozesslawine in so genannten Bagatellsachen. Rechtsanwälte und Rechtsschutzversicherungen haben Hochkonjunktur, die Gerichte sind überlastet.

Nicht ungefährlich finde ich die Sache dennoch: Zur wahren Katastrophe würde dies alles nämlich dann führen, wenn zum Abbau, zur Entfunktionalisierung der Werte der Zusammenbruch

des Wirtschaftssystems als einem letzten Stabilisierungsfaktor hin-
zukäme.

Was mich persönlich angeht, so wäre es eigentlich spätestens jetzt an
der Zeit, erwachsen zu werden. Einerseits kann ›Jugend‹ wohl doch
nicht zu einer Dauerbeschäftigung werden, insbesondere weil ich ja
inzwischen meine Doktorprüfung recht erfolgreich abgelegt und
meine Verprofessorierung hinter mich gebracht hatte. Andererseits
braucht das Erwachsenwerden Zeit, bei mir ziemlich viel. Wahre
Jugend ist aber auch eine Eigenschaft, die sich nur mit den Jahren
erwerben lässt. Und das dauert eben.

Viele Menschen begegnen mir von nun an signifikant anders, obwohl
ich nach wie vor derselbe bin. Das ist spannend, aber auch ein wenig
verwirrend: Nicht ich habe mich doch verändert, sondern nur meine
Bezeichnung, meine Etikett, mein ›Label‹. Und schon ändert der
größte Teil meiner sozialen Umgebung auch seine Einstellung und
sein Verhalten mir gegenüber.
 (Für Insider: Der ›labelling-approach‹ lässt grüßen), (und noch
einmal für Insider: Sich die Theorie des ›Symbolischen Interaktio-
nismus‹ von G. H. Mead einmal näher anzuschauen, lohnt auf jeden
Fall.)

Irgendwas in mir sträubt sich nach wie vor dagegen, all die ange-
nehmen Dinge der Kindheit und der Jugend aufzugeben. Und
meine leider viel zu selten gestellte zentrale Frage lautet: Warum
kann ich nicht als Kind erwachsen werden? Vielleicht probiere ich
es einfach einmal. Mal sehen, was die anderen dann machen. Wie
werden sie wohl reagieren, wenn ich mir meine kindlichen Tugenden wie Neugier, Offenheit, Ehrlichkeit, Spontaneität und Kreativität auch weiterhin erhalte? Ich denke, das wird zu Problemen
führen. Wir werden sehen.
 Natürlich muss derjenige, der seinen Beruf erfolgreich ausüben
will, die Ebene des vor sich hin dilettierenden Amateurs irgendwann einmal hinter sich lassen und sich professionell verhalten.
(Ansonsten wäre es ja wohl auch unseriös, dafür Geld zu nehmen.)
Das aber ist für viele Menschen offenbar gar nicht so einfach.

Professionalität spielt sich auf insgesamt acht verschiedenen Ebenen ab und erst die Summe aller dort erreichten Klärungen lässt aus gutwilligen Amateuren fähige Profis werden. Der gute Wille ist gut, aber eindeutig zu wenig; die professionelle Fähigkeit ist besser.

1. Vor- und Ausbildung

Hier müssen alle erreichbaren Informationen über den Kenntnisstand und die Fähigkeiten bei sich selbst und bei jenen, mit denen man beruflich zu tun hat, gesammelt und systematisiert werden.

2. Institutionalisierung

Hier sind alle Möglichkeiten beruflicher Kooperationsformen im Hinblick auf ihre Effektivität im Einzelfall hin zu untersuchen: Teamwork, Arbeitsteilung und Delegationen.

3. Job, Profession, Beruf

In diesem Bereich ist Rechenschaft zu geben über persönlich-individuelles Bekennertum, über das eigene Selbstwertgefühl (Selbstbewusstsein) sowie über die Einsatzbereitschaft (Engagement) für sich und für andere.

4. Soziales Umfeld

Hier ist die Frage nach den einzusetzenden Erkenntnis- und Analyseverfahren zu klären. Außerdem ist zu klären, wie weit professionelle Identifikationen gehen dürfen bzw. welche Distanz einzuhalten ist.

5. Wollen, Sollen, Können

Die folgenden drei Grundfragen sind zu beantworten: Was will ich beruflich erreichen (Karriere), was wird dabei von mir erwartet und was kann ich eigentlich wirklich?

6. Kollektivität

Hier muss geklärt werden, welche Formen des Kenntnis- und Erfahrungsaustausches im konkreten Fall die erfolgversprechendsten sind, zum Beispiel Brainstorming oder Supervision.

7. Individualität

Hier ist die Frage zu beantworten, welchen persönlichen Einsatz der Einzelne bereit und in der Lage ist zu leisten. Rationelle Arbeitstechniken und –verfahren führen hier zu Optimierungen.

8. Ideologie und Emotion

In diesem Bereich muss die Frage beantwortet werden, wie mit meist kontraproduktiven Gefühlsregungen professionellerweise umgegangen werden soll. Ebenso ist über ideologische Grundlagen beruflichen Handelns Rechenschaft abzulegen.

Erst wenn diese Checkliste sorgfältig und vollständig abgearbeitet ist, kann die entscheidende Frage beantwortet werden: Wie groß ist das Problemlösungspotenzial bestimmter Vorgehensweisen im Vergleich zu anderen? Erst dann sollten wir uns entscheiden, was wir machen und wie wir es machen.

Professionalität und Effektivität sind natürliche Verwandte. Das folgende Schema zeigt die wesentlichen Zusammenhänge. Besonders deutlich wird hierbei das Verhältnis zwischen dem äußeren System, das alle nicht individuell beeinflussbaren Faktoren zusammenfasst, und dem inneren System, das den handelnden Akteur direkt betrifft. Das anzustrebende Resultat muss in jedem Fall das leistungsbereite und leistungsfähige Individuum sein.

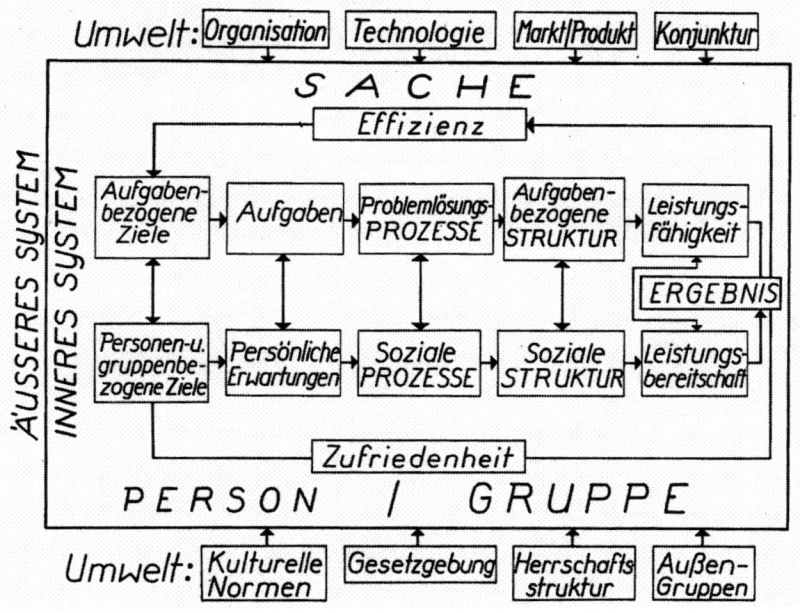

Ich kann mich noch gut an meinen achtzehnten Geburtstag erinnern. Eine Woche zuvor hatte ich meine Fahrprüfung bestanden und nun stand mein erstes Auto vor der Tür. Der Unterschied zwischen meiner Zeit als Fußgänger bzw. Radfahrer und dem jetzigen Zustand war immens. Welche neuen Möglichkeiten ergaben sich nun für mich. Nun hatte ich – schon aufgrund einer schier unermesslichen Mobilität – Handlungsspielräume, von denen ich früher nur träumen konnte. Hinzu kam ein nicht zu unterschätzender Prestigegewinn in meinem sozialen Umfeld. Man erlebt in solchen Fällen eine deutliche Steigerung der Lebensqualität.

Später wurde ein Zweitwagen angeschafft, dessen Nutzen auch noch durchaus erheblich und erlebbar war. Als dann noch ein drit-

tes Auto für unsere Tochter hinzukam, fragten sich manche schon, ob dies denn notwendig und sinnvoll sei für einen Drei-Personen-Haushalt. Schon dies konnte mit guten Argumenten bezweifelt werden. Ein viertes oder fünftes Auto wäre jedenfalls auf keinen Fall mehr zu legitimieren gewesen, ein zusätzlicher Nutzen hätte sich jedenfalls nicht eingestellt.

Hier bewahrheitete sich wieder einmal die alte, aus der klassischen Nationalökonomie stammende und auf dem Marginalprinzip basierende Theorie vom abnehmenden Grenznutzen (Jevons, Walras). Danach nimmt der Zusatznutzen, der durch eine noch weiter erhöhte Bedarfsdeckung erreicht werden kann, mit steigendem Versorgungsniveau kontinuierlich ab. Grenznutzen bezeichnet also den Nutzenzuwachs, den eine weitere Einheit eines Gutes pro Zeiteinheit stiftet.

Wenn wir diese – eigentlich wirtschaftstheoretische – Erkenntnis auf andere gesellschaftliche Bereiche übertragen, so kommen wir zu interessanten Ergebnissen: Überversorgung allerorten. Und diese ist ab einem bestimmten Punkt durchaus kontraproduktiv, wenn etwa unsere Autobahnen aufgrund von Überfüllung zu lang gestreckten Parkplätzen werden. Dies ist im eigentlichen Wortsinn eine Pervertierung, ist doch ihr eigentlicher Zweck immer gewesen, möglichst schnell von A nach B zu kommen.

Die gleiche Gesetzmäßigkeit gilt auch bei allen anderen Gütern, zum Beispiel bei Lebensmitteln, die (im Übermaß genossen) krank machen können, oder bei Geld, das seine Attraktivität verliert, je mehr man davon hat. Der Wert von Gütern steigt, je knapper sie sind. So stopft das vierte Auto nach dem dritten keine wirkliche Versorgungslücke mehr, es wird wertlos, so teuer es auch sein mag.

Auch hier gelten also wieder die Grundsätze effektiver Professionalität: Aufwand und Ertrag müssen in einer legitimierbaren Relation zueinander stehen. Ist diese Legitimation nicht mehr herstell- und vermittelbar, werden wir nirgendwo mehr auf Verständnis stoßen.

Kaum jemand wird die Bedeutung des Geldes heute generell in Frage stellen. Das wäre anachronistisch und nicht wirklich hilfreich. Die Einsichten, zu denen uns die Grenznutzentheorie verhilft, sind zwar inzwischen ca. 150 Jahre alt, sollten aber immer wieder einmal in Erinnerung gebracht werden, wenn wir nicht auf Dauer nach dem alten Bonmot handeln wollen, das da lautet: Sünde ist, mit Geld, das man nicht hat, Sachen zu kaufen, die man nicht braucht, um damit Leuten zu imponieren, die man nicht mag.

Alter: Tertiärsozialisation

Wenn alle Stricke reißen, häng' ich mich auf.
Karl Kraus

Wie jeder weiß, kümmert sich die Soziologie, jene vielleicht neugierigste unter den Wissenschaften (Entschuldigung gegenüber allen anderen), um fast alles, also auch um den langsamsten Endspurt aller Sportarten, das Altern. Das heißt dann ›Gerosoziologie‹. Besser würden wir wohl vom letzten Lebensabschnitt sprechen und die Alten auch so nennen, wie sie sind: Sie sind nicht die Senioren, die Bejahrten oder die Hochbetagten, nein, wer bald stirbt, gehört zu den Alten. Das ist nun mal so!

In der Jugend sind wir stark und unerfahren, im Alter ist es dann umgekehrt. Im günstigsten Fall ist das Alter die Fortsetzung der Jugend mit anderen Mitteln. Hat man Pech, ist es nichts weiter als ein übertrieben langer Anlauf zum Sterben. Und Sterben kann schlimm sein, der Tod nicht.

Jeder weiß heute, dass wir immer längere Ausbildungsphasen absolvieren, dass wir immer früher aus dem Arbeitsleben ausscheiden und dass wir im Durchschnitt immer älter werden. Die letzte Lebensphase wird also immer länger und wichtiger.

Ich muss mir also meinen Platz in einer vergreisenden Gesellschaft jetzt neu suchen, ich bin inzwischen ein Teil von ihr, ob es mir gefällt oder nicht. Bisher gefällt es mir eigentlich durchaus.

Und nun höre ich von allen Seiten so kluge Hinweise wie: Die Kunst des Alterns besteht darin, sich in zunehmendem Maße verzichtbar zu machen. Biologisch ist das natürlich Unsinn, soziologisch ist es leider richtig. Es kommt, wie immer, auf den Standpunkt an.

Was mir aber zum Beispiel überhaupt nicht gefällt, ist die Tatsache, dass viele meiner Alterskollegen immer wieder von der

›guten alten Zeit‹ schwärmen und damit ihr aktuelles Leben in die Vergangenheit verlagern. Sie übersehen dabei allzu gerne, dass jede gute alte Zeit einmal eine schlechte neue war und dass wir erst dann, wenn wir älter werden, merken, dass wir nicht mehr die Alten sind.

Was mich beunruhigt, ist das Tempo, mit dem man im Alter soziologisch ausrangiert wird. Alte Menschen werden so oft zu Gnadenbrotverzehrern degradiert.

Hier stellen sich doch sofort zwei Fragen: Können wir uns das eigentlich wirtschaftlich leisten? Und: Ist das eigentlich moralisch-ethisch vertretbar? Egal, ob man die Frage ökonomisch oder philosophisch angeht, Antworten müssen her!

Meist ist man schon zu alt, wenn man Dinge realisieren will, für die man gestern noch zu jung war. Wir müssen uns davor hüten, Lebensverpasser zu werden, denn wenn das ›gefährliche‹ Alter vorüber ist, hat Mut keinen Sinn mehr.

Auch die Sache mit der Gleichberechtigung wird im Alter obsolet. Frauen leben ja bekanntlich nun einmal deutlich länger als Männer und sie altern eigenartigerweise auch langsamer. Frauen geben immer ihr richtiges Alter an, eben nur ein paar Jahre später. Männer altern ehrlich, Frauen erhalten auch dabei meistens einen Rabatt; wo bleibt denn jetzt die Gleichberechtigung?

Wie oft habe ich schon Geburtstagsfeiern beigewohnt, bei denen die Jubilare im vorgerückten Alter, wären sie nicht lebensabschnittsbedingt sehschwach, ihr kommendes Ende schon klar hätten erkennen können. Solche Veranstaltungen ähneln immer wieder vorgezogenen Beisetzungen am offenen Grab, während der Jubilar noch lebt. Das hat mir noch nie gefallen.

Bedenkenswert finde ich allerdings die Tatsache, dass wir alle Menschen, gleichgültig welchen Alters sie sind, eigenartigerweise immer ›Geburtstagskinder‹ nennen. Wer will, kann darüber ja einmal nachdenken; ich habe das schon gemacht, habe aber nicht vor zu verraten, was dabei herausgekommen ist.

Oder stimmt es vielleicht doch, dass Erfahrung nichts weiter bedeutet, als die Fehler der Jugend gegen die des reifen Alters einzutauschen. Wenn das stimmt, hatte ich schon vor ca. 100 Seiten Recht:

Erwachsene sind eben doch nichts anderes als älter gewordene Kinder.

Und alte Erwachsene befinden sich in der Phase der Tertiärsozialisation. Danach kommt nichts mehr – jedenfalls nicht in dieser Welt. Wer also jetzt noch immer meint, etwas verpasst zu haben, sollte sich beeilen.

Die genetisch höchstmögliche Lebensdauer wird heute mit 120 Jahren angenommen, mehr geht nicht. Biologisch-medizinisch sind wir aber noch lange nicht so weit. Aber mal ehrlich: selbst wenn, was sind schon 120 Jahre? Es gibt Schildkröten auf den Galapagosinseln, die durchaus dieses Alter erreichen. Aber auch hier müssen wir wieder relativieren, nach dem Motto: Tausche 120 Jahre langweiliges Leben gegen 80 Jahre Intensiverlebnisse. Natürlich ist das eine sehr hypothetische Frage, aber doch mal eine Überlegung wert, nicht wahr?

Die gesellschaftliche Bewertung der Kompetenz alter Menschen entspricht in keiner Weise ihren wirklichen Fähigkeiten. Viele psychischen Defizite, die bei alten Menschen festgestellt werden, sind auf diese gesellschaftlichen Abwertungen zurückzuführen und nicht etwa auf die tatsächlichen Befindlichkeiten und Möglichkeiten der Betroffenen.

Alte Menschen verarbeiten neue Informationen langsamer als junge, aber nicht schlechter. Geistige Leistungsfähigkeit im Alter korreliert direkt mit dem Niveau früher absolvierter Ausbildungsgänge.

Und dennoch sterben, soziologisch gesehen, viele Menschen schon lange vor ihrem biologischen Tod, dann nämlich, wenn die Kommunikationsströme ›in die Welt hinein‹ versiegen. Leider gehört das zum Schicksal vieler alter Menschen in unserer Gesellschaft. Das ist schade. Wer dafür anschauliche Belege braucht, mache eine kleine Privattournee durch die Altenpflegeheime einer beliebigen Großstadt seiner Wahl.

Neben der gesundheitlichen Verfassung spielen die folgenden drei Faktoren eine entscheidende Rolle bei der Ausgestaltung der Lebenslagen alter Menschen:

a. Materielle Versorgung (Einkommen, Wohnung),

b. Erleben und Lernen (Reisen, Bildung),

c. Soziale Kontakte (Verwandtschaft, Nachbarn).

Unser Freund hatte sein bisheriges Leben weitgehend genossen. So war es nicht verwunderlich, dass er gerne alt werden wollte. Bald hatte er herausgefunden, was er tun musste, um dieses Ziel zu erreichen: nicht zu viel! Und so vermied er das Sterben, solange es ging. Und es ging richtig lange und wurde ziemlich teuer.

Als er dann aber tatsächlich alt wurde, erfuhr er nach und nach vielerlei Diskriminierungen am eigenen Leib und die Geschichte wird ein wenig melancholisch.

Als Erstes verbot man ihm seine Arbeit. Diesen Beginn der nachberuflichen Lebensphase nannte man ›Pensionierung‹. Dieser Vorgang war – soziologisch und ökonomisch gesehen – eine gigantische Verschwendung von Fähigkeiten, Erfahrungen und Erinnerungen, hatte er doch im Laufe der Jahre eine ganze Menge erlebt und auch gelernt. An wen sollte er dieses Wissen nun noch weitergeben? Plötzlich war da niemand mehr. Also behielt er es für sich.

So wurde ich also entsorgt, das heißt dann ja wohl: Niemand machte sich mehr Sorgen um mich. Wir entsorgen ja die Dinge, die wir nicht mehr benötigen. So geschah es jetzt auch mit mir. Entsorgung kostet üblicherweise Gebühren. In meinem Fall war dies eine Rente. Ich war zwar pflegeleicht, aber doch kein sehr preiswerter Entsorgungsfall, ich muss so eine Art sozialer Sondermüll geworden sein.

Zuwendung und soziale Kontakte hätte ich jetzt gut gebrauchen können. Bekommen habe ich aber immer nur Geld. Nichts gegen Geld, aber das Ganze heißt doch: Sozialstaat. Zum Schluss scheint es aber doch nur noch ein Geldstaat zu sein.

Schon während seines Arbeitslebens hatte er immer wieder Menschen kennen gelernt, die die Fähigkeit, ohne Arbeit zu Geld zu kommen, zu einer artistischen Kunst entwickelt hatten. Aber das war meistens illegal. Auch dies änderte sich nun: Er bekam regelmäßig Geld unter der Voraussetzung, mit dem Arbeiten endlich aufzuhören. Zusätzlich waren diese Zahlungen noch an eine zweite Bedingung gebunden: Er musste am Leben bleiben, wie, war egal.

Die tatsächliche Lebenserwartung eines neugeborenen Jungen beträgt zur Zeit ca. 75 Jahre, die eines Mädchens sogar 80 Jahre. (Die Vergleichszahlen für das Jahr 1900 sind: 45 bzw. 49 Jahre.)

Also mache ich das jetzt. Ich nehme das Geld und tue nichts mehr dafür. Eigentlich brauche ich das Geld nicht. Aber wenn das ›System‹ es so will, lasse ich mich jetzt lebenslang alimentieren. Ich bin jetzt so etwas wie ein legaler, mit allen Rechtsansprüchen ausgestatteter Schmarotzer. Rentner können ganz schön teuer werden, wenn sie sich nicht für ein ökonomisch sozialverträgliches Frühableben entscheiden.

Aber neben dem materiellen Versorgungsaspekt des Alters ist etwas anderes noch ganz wichtig.

Allen einschlägigen Theorien zufolge muss ja jetzt eine große Leere kommen und ich muss mir ganztägig die klassische Sinnfrage stellen. Aber wenn ich genau das nicht tue, was passiert denn dann? Dann wäre das ›System‹ aber ganz schön angeschmiert.

So wurde unser Freund alt und älter. Das war aber auch schon alles. Er wurde nicht weiser, er wurde nicht dümmer – nur älter. Und vielleicht etwas gelassener. Der angebliche Zusammenhang von Alter und Weisheit war ihm immer schon suspekt erschienen. Er war so etwas wie ein alt gewordenes Kind. Dafür bekam er so eine Art Erwachsenen-Kindergeld. Das hieß Rente.

Da er noch eine Weile weiterleben wollte, machte er sich also auf die Suche nach einer neuen Sinngebung. Das war nicht so ganz einfach. Er hatte alles gelernt, was von ihm erwartet wurde; er hatte genügend Geld und er war gesund genug, seine Tage nicht hauptsächlich mit Arztbesuchen und diversen medizinisch-therapeutischen Maßnahmen verbringen zu müssen. Da kam ihm eine Idee – wahrscheinlich eine seiner letzten.

Ich denke, den ethisch-moralischen Zustand einer Gesellschaft kann man am besten einschätzen, wenn man sich anschaut, wie sie mit ihren Minderheiten und Abhängigen umgeht. Dies sollte eine der permanenten Pflichtaufgaben der Soziologie sein! Soziologie ist schließlich kein Selbstzweck!

Der anzulegende Maßstab kann dabei nur sein: Eine Gesellschaft hat einen umso höheren ethischen und demokratischen Standard erreicht, je mehr sie in der Lage ist, Vielfalt in der Andersartigkeit zu tolerieren, ohne sich dabei selbst aufzugeben. Toleranz gehört dabei zu den Unverzichtbarkeiten für gewaltfreies, soziales Zusammenleben. Sie kann jedoch weder vorausgesetzt, noch juristisch verordnet werden. Vielmehr ist sie das Ergebnis sozialer Informations- und Lernprozesse.

Gerade in Zeiten steigender Urlaubs- und Berufsmobilität sollten wir uns immer wieder einmal folgenden Sachverhalt vor Augen führen: Jeder ist Ausländer – außer zu Hause, also fast überall. Man wird dann vorsichtiger mit allen Arten von Pauschalierungen und Verallgemeinerungen.

Wie wäre es denn, wenn ich mich, kurz vor Schluss, endlich einmal selbst zum Gegenstand der Analyse machen würde? Könnte doch ganz interessant werden! Also los, das schaffen wir jetzt auch noch! Fassen wir also zusammen:

Erstens:

Ich habe meinen unvermeidlichen Geburtsstress weitgehend unbeschadet überstanden. Meine Geburt war schwer, besonders für meine Mutter. Wenn Männer die Kinder gebären müssten, wäre die Menschheit sicher längst ausgestorben.

Zweitens:

Meine Primärsozialisation verlief überwiegend problemlos. Ich hatte die handelsüblichen Kinderkrankheiten, medizinisch wie soziologisch, also nichts Ernstes.

Drittens:

Meine Familie war klein, aber fein. Ich fühlte mich wohl, hatte aber keine Geschwister. Hier fehlt mir ein Aspekt klassischen Familienlebens.

Viertens:

Meine schulischen Erfahrungen waren katastrophal. Ich kann von Glück sagen, dass diese langjährige Leidenszeit, soweit ich weiß, keine bleibenden psychischen oder Sozialisationsschäden bei mir hinterlassen hat.

Fünftens:

Ich hatte immer nur wenige Freunde, die aber waren prägend. Die Wechselfrequenz war vergleichsweise gering.

Sechstens:

Meine Sekundärsozialisation verlief recht elegant. Das, was passieren sollte, passierte meistens viel früher und unproblematischer als erwartet; woran auch immer das gelegen hat.

Siebtens:

Meine Lernprozesse absolvierte ich fast ausschließlich in Eigenregie. So entwickelte ich mich vom dilettierenden Autodidakten zum kommunikativen Profi.

Achtens:

Mein Verhältnis zum anderen Geschlecht war immer ein wenig amateurhaft. Frauen mögen das, warum hätte ich es ändern sollen? Eine professionelle Reaktion?

Neuntens:

Spannend wird es doch erst, wenn andere anders sind. Abweichendes Verhalten ist also ein Zentralthema der Soziologie.

Zehntens:

Arbeit und Geld sind gesellschaftlich und individuell, materiell und ideell vorrangige soziologische Gegenstände.

Elftens:

Das Alter ist die gesellschaftlich höchstdiskriminierteste Lebensphase. Das ist individual- und sozialschädlich. Das Alter ist ein Lebensabschnitt, um den es sich zu kümmern lohnt.

Zwölftens:

Vor dem Tod muss man keine Angst haben, vor dem Sterben vielleicht.

Man sieht, eine durchschnittlichere und normale Biographie ist kaum vorstellbar. Aber genau das war es doch, was wir brauchten. Nichts Extremes, nichts Seltenes, sondern den Regelfall. Nur unter dieser Voraussetzung sind die Ergebnisse, zu denen wir gekommen sind, verallgemeinerbar und auf andere Bereiche und Fälle übertragbar – also: lehrreich. Und lernen wollten wir doch! War es nicht so?

Der Kreis schließt sich: Tod

Seines Todes ist man gewiss, warum sollte man
nicht heiter sein?
Friedrich Nietzsche

Die Fortschritte der Medizin sind enorm; aber unsterblich sind wir
alle nicht. Gewiss ist: Der Tod kommt. Die Bestattungsbranche ist
daher eine der sichersten: Gestorben wird immer.
Rein empirisch übrigens ist dieser Sachverhalt kaum zu begründen, da circa jeder dritte jemals geborene Mensch zur Zeit lebt. Das
liegt natürlich an den steil gestiegenen Welt-Geburtenraten in den
letzten Jahrzehnten. Aber ein eigenartiger Gedanke ist das schon.
    Dennoch gehen wir vernünftigerweise von der prinzipiellen
Sterblichkeit des Menschen aus, und zwar nicht nur individuell.
Auch die Wahrscheinlichkeit, dass die Menschheit als Ganze eines
Tages wieder von der Erde verschwunden sein wird, ist nicht uner-
heblich. Erdgeschichtlich betrachtet gibt es die Menschen ja erst
seit kurzem und nicht viel spricht dafür, dass dies auf Dauer so bleiben wird. Ob externe Faktore (kosmische Katastrophen, Klimaver-
änderungen) oder aber Eigenverschulden (Kriege, Seuchen) hierzu
führen werden, sei dahingestellt.
    Im strengen Sinne ist der Tod nicht eigentlich ein soziologisches
Thema, denn er ist zumeist ein höchst individueller Akt. Keiner
mag ihn wirklich und viele verdrängen ihn, solange es geht.

*Als man mir schließlich das ›Lied vom Tod‹ spielte (vgl. Clint
Eastwood), als ich also starb, war außer mir selbst kaum jemand
da. Schade eigentlich! Dabei wäre es sicher schöner gewesen, soziologisch, das heißt ›in Gesellschaft‹, zu sterben. Alles machen wir
doch ›in Gesellschaft‹, nur sterben müssen wir meistens ziemlich
alleine.*

Soziologisch gesehen ist das Sterben ein handfester Skandal und doch tun wir es alle – so oder ähnlich. Es ist alles nur eine Frage der Zeit.

War das bei der Geburt unseres Freundes nicht ähnlich gewesen? Musste er da nicht auch alles alleine machen? Nicht ganz: Geburtshilfe ist bei uns üblich, anerkannt und normal. Sie wird gelehrt und gelernt. Sterbehilfe dagegen ist verboten. Eigentlich unverständlich.

Wenn man bedenkt, wie sorgfältig wir mit der Geburt unserer Kinder umgehen, ist es doch höchst erstaunlich, wie wenig Aufmerksamkeit wir dem mindestens ebenso schwierigen Prozess des Sterbens widmen, dauert dieser doch in aller Regel viel, viel länger. Hier kommen große Probleme auf uns und die Soziologie zu. Manche sind aber auch schon da. So sind etwa fast alle Fragen der aktiven und passiven Sterbehilfe sowie der sterbebegleitenden Medizin (zumindest in Deutschland) ungeklärt.

Irgendetwas stimmt da nicht! Sind wir denn wirklich so dumm? Vielleicht müssen wir auch das noch lernen. Also los! Zum Lernen ist es ja angeblich nie zu spät. Aber ein wenig beeilen müssen wir uns jetzt schon.

Über das, was nach dem Tod kommt, wird ja unglaublich viel nachgedacht, spekuliert, geschrieben und gepredigt – obwohl niemand wirklich weiß, was dann tatsächlich sein wird. Das eigentliche Abenteuer beginnt ja doch erst auf dem Sterbebett. Warten wir es doch einfach ab! Alte Menschen sollten eigentlich so viel Geduld haben. Es wird sicher spannend und es kommt früh genug.

Den Himmel stelle ich mir übrigens als eine riesige Bibliothek vor, allerdings als eine Präsenzbibliothek, man kann dort zwar viel lesen und lernen, aber nichts ausleihen. Wer lernen will, muss also dort bleiben! Vielleicht ist der Himmel aber auch schon moderner: Dann wird er sicher so etwas wie eine große Festplatte mit unbegrenzter Kapazität sein.

Mein letzter Gedanke war übrigens: Wenn ich tot bin, schau ich ab und zu mal bei euch um die Ecke. Denn eines war mir zeit meines Lebens und danach geblieben: die Neugier.

Neugier ist, irgendwohin zu kommen, und nicht, von irgendwo wegzuwollen.

Ich will ja nicht zu viel vorwegnehmen, aber als ich später schließlich tatsächlich in den Himmel kam, (was dachten Sie denn, wohin ich nach meinem Tod gekommen bin?) war dort die Hölle los!

Wie schon mehrfach in meinem Leben, so war es auch nach meinem Tod. Wieder einmal war ich etwas zu früh und man war noch nicht so recht auf mein Kommen vorbereitet. Die Abteilung für renitente Soziologen war noch gar nicht fertig. Woher ich das weiß? Na ja, ich war schließlich dabei!

Ich bot an, wieder umzukehren und später noch einmal wiederzukommen, aber man offerierte mir einen guten Platz an der Theke und meinte, wenn ich nun schon einmal da sei ... und ich möge mich doch bitte noch ein wenig gedulden.

Dieser überaus freundlichen Einladung konnte ich natürlich nicht widerstehen, zumal ich bei näherem Hinsehen auch gleich etliche Freunde erkannte, die mir früher schon vorausgeeilt waren. Natürlich traf ich hier auch wieder auf einige Zeitgenossen, die mir früher als ausgesprochen unangenehm aufgefallen waren und die ich immer zur so genannten ›Pappnasenfraktion‹ zusammengefasst hatte. Aber selbst diese erschienen mir nun plötzlich nett und liebenswert. Ich entschied mich also zu bleiben.

Das war offensichtlich wieder so eine Entscheidung aus der Reihe ›Well done!‹ – eine himmlische Entscheidung sozusagen, wenn Sie verstehen, was ich meine.

Wichtig ist die Fähigkeit, Abschied zu nehmen, ohne wesentlich zu trauern. Deshalb hat unser Freund schon zu seinen Lebzeiten bestimmt, was nach seinem Tod geschehen soll. Missverständnisse dürfte es also eigentlich nicht geben. Auch die so genannten Totenbriefe (ohne schwarzen Rand) sind schon geschrieben:

Anlässlich meines Ablebens am … (das genaue Datum wäre dann noch einzutragen) lade ich euch herzlich ein, mit mir zu feiern.

Gründe dafür gibt es doch wahrlich genug: Feiert mit mir, dass ich geboren wurde, feiert mit mir, dass es immer wieder Menschen gab, die mir geholfen haben, feiert mit mir, dass auch ich dem ein oder anderen habe helfen können, feiert mit mir, dass ich der wurde, der ich geworden bin. Es hätte ja auch schief gehen können.

Und bitte, feiert jetzt auch das Ende mit mir! Jedes Spiel ist irgendwann einmal zu Ende, also warum nicht jetzt? Und war mein Leben denn etwas anderes als ein höchst facettenreiches Spiel im Rahmen des Möglichen?

Gute Laune ist bitte mitzubringen. Es gibt Musik und Tanz, Essen und Trinken. Dunkle Kleidung und ebensolche Reden sind unerwünscht.

Die Veranstaltung dauert so lange ihr wollt. Ich habe Zeit – viel Zeit.

Und macht euch keine Sorgen: Das Testament ist geschrieben, Organspenderausweis und Patientenverfügung liegen bei.

Gern war ich für eine Weile euer Haus- und Hofsoziologe.

Und noch eins zum Schluss: Wenn ihr dann irgendwann nach Hause geht, lasst das Auto stehen, ihr werdet wahrscheinlich etwas getrunken haben.

Es grüßt euch euer Soziologe!

Es wäre schön, wenn es denn so – oder zumindest so ähnlich – kommen würde. Und tschüss – wir sehen uns!

Und da Soziologie ohne Soziologen keinen Sinn mehr macht, so endet mit dem Tod unseres Freundes hier auch unsere ›etwas andere Einführung in die Soziologie‹. Ist doch logisch! Oder ?

Sachregister

Anstelle einer ansonsten üblichen Literaturliste erscheinen hier die Namen der wichtigsten Persönlichkeiten, die in diesem Buch eine Rolle spielen und deren Werke generell zur Lektüre empfohlen werden können. Die Auflistung erfolgt nicht nach dem Alphabet, sondern nach dem Zeitpunkt ihres jeweiligen Ablebens. Dieses Datum ist in aller Regel wesentlich aussagekräftiger.

Francis Bacon (1561–1626)

Er betonte den praktischen Nutzen der Wissenschaft. Mit ihrer Hilfe greift der Mensch in die Natur ein und beherrscht sie: ›Wissen ist Macht‹. Seiner Lehre zufolge sind die empirischen Methoden älter als alle technischen Errungenschaften.

René Descartes (1596–1650)

Für ihn ist der Mensch ein denkendes Ich, das wirklicher ist als die physische Welt, die sinnlich wahrnehmbar ist. Diese Idealvorstellung kann nur von Gott stammen, der höchsten Stufe der Vollkommenheit.

Immanuel Kant (1724–1804)

Geprägt von einem streng christlichen Elternhaus meinte er, dass sowohl die menschlichen Empfindungen, wie auch die Vernunft unverzichtbar sind, um die Welt richtig zu begreifen. Damit wollte er Empirismus und Rationalismus miteinander versöhnen.

Claude Henry de Saint-Simon (1760–1825)

Er kämpfte unter Washington in Nordamerika und verlor sein beträchtliches Vermögen in den Wirren der Französischen Revolution. Für ihn waren Wissenschaft und Industrie die tragenden Säulen einer Neuen Welt.

Georg Wilhelm Friedrich Hegel (1770–1831)

Als Nach-Romantiker versuchte er, die Philosophie zu retten, bevor sie sich vollständig in Geist auflösen würde. Wurde 1818 Professor in Berlin, dem damaligen geistigen Zentrum Europas. Er starb an der Cholera.

Johann Wolfgang von Goethe (1749–1832)

Studierte Rechtswissenschaften in Leipzig, leitete später das Weimarer Hoftheater. Er entwickelte (neben Schiller) das klassische deutsche Drama. Goethe ist wahrscheinlich der weltweit bekannteste Dichter deutscher Sprache.

Auguste Comte (1798–1857)

War als aufsässiger Sohn in einem konservativen Elternhaus zeit seines Lebens Außenseiter. Sein ›Drei-Stadien-Gesetz‹ war in seiner Zeit eine Kampfansage an alles, was bis dahin als unantastbar galt.

Arthur Schopenhauer (1788–1860)

Er bezeichnete sich selbst als Kantianer. Mit ihm beginnt eine neue Epoche der abendländischen Philosophie; der Intellekt ist nicht mehr das oberste Prinzip, Pessimismus, Irrationalismus und Atheismus treten an seine Stelle.

Charles Darwin (1809–1882)

Wurde von seinem Vater, einem Arzt, streng erzogen. Galt als Junge als Herumtreiber, der nichts Vernünftiges leistete. Er legte ein sehr mäßiges Theologie-Examen ab und wurde Naturforscher. Er bereiste Südamerika, Neuseeland, Australien und Südafrika und sammelte umfangreiches Material, um seine Theorien empirisch zu untermauern.

Karl Heinrich Marx (1818–1883)

Als Begründer der materialistischen Klassentheorie knüpfte er an Hegel an und revolutionierte mit seiner Geschichtsphilosophie das europäische Denken bis weit in das 20. Jahrhundert hinein.

Friedrich Wilhelm Nietzsche (1844–1900)

Forderte die Umwertung aller Werte. Ziel seiner Kritik war vor allem die christliche Moral, die die Lebensentfaltung der Starken beeinträchtigte. Der Mensch gehört ›in die Welt‹ und nicht in den Himmel bzw. in die ›Welt der Ideen‹.

Marie Esprit Léon Walras (1834–1910)

Auf ihn geht die klassische Grenznutzenlehre zurück. Danach nimmt die Attraktivität einer Bedarfsdeckung in dem Maße ab, in dem sie fortschreitet. Ist der Zusatznutzen schließlich null, bricht der Markt für dieses Produkt zusammen und wird ökonomisch uninteressant.

Wilhelm Dilthey (1833–1911)

Er wandte sich gegen die zeitgenössische Psychologie, die das menschliche Seelenleben als natürliche Kausalzusammenhänge erklären wollte. Die Seele sei vielmehr nur ursprünglich und ganzheitlich zu begreifen.

Georg Simmel (1858–1918)

Er geht den entscheidenden Schritt von Darwins biologischem Evolutionismus zum lebensphilosophischen Relativismus. Er entwickelte typische Formen soziologischer Vergesellschaftung: Vertrag, Wettbewerb, Hierarchien und Rangordnungen.

Max Weber (1864–1920)

War Gründungsmitglied der Deutsch-Demokratischen Partei und nahm an den Versailler Verhandlungen teil. Er versuchte eine Synthese von rein theoretischer und historischer Methode. Seine Lehre von den idealtypischen Begriffsformen wurde im Rahmen seiner ›Verstehenden Soziologie‹ höchst populär.

Egon (Friedmann) Friedell (1878–1938)

Als freier Schriftsteller, Kulturhistoriker und Theaterkritiker kümmerte er sich um die Kulturgeschichte des Altertums wie auch um die der Neuzeit, wobei ihn der Nutzen und die gesellschaftliche Funktion des Theaters besonders interessierte. Er nahm sich 1938 das Leben.

Sigmund Freud (1856–1939)

Entdeckte das Unbewusste als eine wesentliche Triebkraft des menschlichen Handelns. Seiner Neurosenlehre zufolge verwenden die Menschen viel zu viel Energie darauf, das Unangenehme aus dem Bewusstsein zu verbannen. Solche Traumata hinterlassen Schäden an Seele und Leib..

Theodor Wiesengrund Adorno (1903–1969)

War zunächst Musikwissenschaftler, Komponist und Pianist und Schüler Alban Bergs. Kehrte 1949 aus der amerikanischen Emigration nach Frankfurt am Main zurück. Später ging es ihm darum, die gesellschaftliche Dynamik philosophischer Probleme aufzuzeigen.

Arnold Gehlen (1904–1976)

War Assistent von Hans Freyer in Leipzig, seiner Heimatstadt. Er wandte sich von der Ontologie ab und konzentrierte sich auf die Anthropologie und stellte die Frage nach dem Menschen, seiner Natur und seinen Möglichkeiten in einer sich verändernden Welt immer wieder neu. Ab 1962 folgte er einer Berufung auf den Lehrstuhl für Soziologie an der TH Aachen.

Martin Heidegger (1889–1976)

Gilt als Begründer der Existenzphilosophie. Er versucht die Frage der abendländischen Metaphysik nach dem Sein schlechthin fundamentaler zu stellen, was zu vielerlei ›Verwindungen‹ dieser Metaphysik führte.

Werner Finck (1902–1978)

Kabarettist und Schriftsteller. Erhielt 1935 Berufsverbot, sein Berliner Kabarett ›Die Katakombe‹ musste schließen. Nach dem Zweiten Weltkrieg wurde er zum bedeutendsten Kabarettisten Deutschlands.

Talcott Parsons (1902–1979)

War Soziologie-Professor an der Harvard-Universität und führender Vertreter der theoretischen Soziologie auf der Basis strukturellen und funktionalen Denkens. In seinen Analysen untersucht er den inneren Aufbau und die funktionalen Gesetzmäßigkeiten von sozialen Gebilden aller Art.

Herbert Marcuse (1898–1979)

Steht in der Tradition des dialektischen Denkens. Er sieht in der modernen Technik ein potentielles Mittel zur Realisierung seiner Idee vom ›homo novus‹. Seine Studien zur Ideologie der fortgeschrittenen Industriegesellschaft ›Der eindimensionale Mensch‹ gehörten zur Kultliteratur ganzer Studentengenerationen.

Helmut Schelsky (1912–1984)

War seit 1960 Direktor der renommierten Sozialforschungsstelle an der Universität Münster. Bezog zeit seines Lebens in pointierter Form zu vielen aktuellen politischen Themen aus soziologischer Sicht Stellung, so z. B. zur Familienpolitik, zu allen Fragen der Betriebssoziologie und zum Wandel der Jugend in der Industriegesellschaft, die er als ›skeptische Generation‹ bezeichnete.

Norbert Elias (1897–1990)

Er lehrte an der University of London in Leicester unter anderem Soziologie, Psychologie, Nationalökonomie und Wirtschaftsgeschichte und arbeitete eng mit dem aus Deutschland 1933 emigrierten Psychoanalytiker Sigmund Heinrich Foulkes zusammen. Er hatte eine Ausbildung in Gruppenanalyse und leitete viele Therapiegruppen. Er war ein Meister der analytisch-klaren Sprache.

Niklas Luhmann (1927–1998)

Nachdem er, ein Brauereibesitzerssohn, aus amerikanischer Kriegsgefangenschaft zurückkehrt war, studierte er Rechtswissenschaften und ging 1960 nach Harvard. Sein zusammen mit Jürgen Habermas veröffentlichter Kontroversen-Band ›Theorie der Gesellschaft oder Sozialtechnologie – Was leistet die Systemforschung?‹ wurde klassische Pflichtlektüre mehrerer Studentengenerationen im letzten Drittel des vorigen Jahrhunderts.

Alfons Silbermann (1909–2000)

Alfons Silbermann war Wissenschaftler, Publizist und Kunstliebhaber gleichermaßen. Der Nationalsozialismus hatte ihn in die Emigration getrieben. Seine Arbeiten zur Massenkommunikationsforschung, zur Medien-, Kunst-, Musik- und Kultursoziologie sind zeitlos interessant. Er mischte sich zugleich kritisch, aber auch mit viel Humor durch Publikationen und Medienauftritte in die gesellschaftlichen Diskussions- und Meinungsbildungsprozesse ein.

Erwin K. Scheuch (1928–2003)

Er gehört zu den Gründungsvätern der empirischen Sozialforschung in Deutschland. Scheuch war Vermittler und Anwender empirischer Methoden. Er hat 1960 den ersten Schichtindex für Deutschland konstruiert und 1961 die Tradition der deutschen Wahlstudien begründet. Seine Arbeiten zum ›Kölner Klüngel‹ und zur Parteispendenaffäre sind heute bereits Klassiker des sog. ›Enthüllungsjournalismus‹.

Peter Alexander Ustinov (1921–2004)

Vielsprachiger englischer Schauspieler und Dramatiker, der insbesondere in seiner zweiten Lebenshälfte seine weltweite Popularität in den Dienst von Unicef, dem Kinderhilfswerk der Vereinten Nationen, stellte. Er wurde von der britischen Königin geadelt.

Ralf Dahrendorf (1929)

Ist, wie viele seiner Vorgänger, Soziologe und Politiker. Sein
›Homo Sociologicus‹ gilt als einer der wichtigsten Beiträge zur
Klärung der Rollentheorie. Er leitete lange Zeit die ›London
School of Economics‹. Im Gegensatz zu vielen seiner fachlichen
Vorgänger und Zeitgenossen spricht (und schreibt) er eine klare,
plausible Sprache. Er ist inzwischen britischer Staatsbürger
und lebt in London.

Jürgen Habermas (1929)

Er ist zunächst freier Journalist, kommt dann zur empirischen
Sozialforschung und zur kritischen Gesellschaftstheorie. Ihn
interessiert vor allem die politische Bewusstseinslage der west-
deutschen Studentenschaft. Er wird Professor für Philosophie
und Soziologie an der Universität Frankfurt/Main. Als bekann-
tester Vertreter der aus der ›Frankfurter Schule‹ entstandenen
kritischen Theorie geht er später zunehmend auf Distanz zu den
radikaleren Studentengruppen.

Bärbel Trautmann (1947)

Ist Freundin, Geliebte und Ehefrau des Verfassers und u. a. wesentlich für das Zustandekommen von Anna-Lena Trautmann
mitverantwortlich. Ist oft ihrer Zeit voraus; hat viele gute Ideen,
die aber wohl erst später in die Geschichte der Soziologie einge-
hen werden.

Anna-Lena Trautmann (1983)

Ist die Tochter des Verfassers, studiert theoretische Mathematik
in Bergen/Norwegen und arbeitet an der Universität Bochum.
Ist Schlagzeugerin in einer Punk-Rock-Band. Für die Geschichte der Soziologie ist sie weniger bedeutend. Für den Verfasser
des vorliegenden Buches dafür umso mehr.